***ACCESO GRATIS** a la Lectura en la Nube*

Para visualizar el libro electrónico en la nube de lectura envíe junto a su nombre y apellidos una fotografía del código de barras situado en la contraportada del libro y otra del ticket de compra a la dirección:

ebooktirant@tirant.com

En un máximo de 72 horas laborales le enviaremos el código de acceso con sus instrucciones.

DERECHO, SOCIEDAD Y JUSTICIA EN AMÉRICA LATINA

DERECHO, SOCIEDAD Y JUSTICIA EN AMÉRICA LATINA

Julio César Ávalos Huerta
Simón Hernández León
Coordinadores

tirant lo blanch
Ciudad de México, 2024

En caso de erratas y actualizaciones, la Editorial Tirant lo Blanch publicará la pertinente corrección en la página web www.tirant.com/mex/

Coordinación Editorial:
DR. JULIO ÁVALOS HUERTA
MTRO. SIMÓN HERNÁNDEZ LEÓN

© TIRANT LO BLANCH
DISTRIBUYE: TIRANT LO BLANCH MÉXICO
Av. Tamaulipas 150, Oficina 502
Hipódromo, Cuauhtémoc
06100 Ciudad de México
Telf.: +52 1 55 65502317
infomex@tirant.com
www.tirant.com/mex/
www.tirant.es
ISBN: 978-84-1197-970-2
MAQUETA: Innovatext

Si tiene alguna queja o sugerencia, envíenos un mail a: *atencioncliente@tirant.com*. En caso de no ser atendida su sugerencia, por favor, lea en *www.tirant.net/index.php/empresa/politicas-de-empresa* nuestro procedimiento de quejas.

Responsabilidad Social Corporativa: http://www.tirant.net/Docs/RSCTirant.pdf

Índice

Dilemas jurídicos y democráticos de la militarización[1]

DR. JOSÉ RAMÓN COSSÍO DÍAZ

Antes de empezar, quisiera preguntarles a ustedes cuál es la experiencia histórica que tenemos con las fuerzas armadas. No en la actualidad y no en el caso mexicano, sino lo que históricamente ha pasado con las fuerzas armadas.

Pensémoslo juntos. Las fuerzas armadas se componen, históricamente, de más hombres que de mujeres. Estas personas tienen una condición muy particular en las sociedades: son personas a las que se les pide, en determinados momentos de la historia de cada nación o de cada grupo, que salgan, que peleen, vayan a una batalla, arriesguen su vida y salven a la sociedad que las ha constituido y que las ha establecido.

A lo largo de la historia hay distintos modelos propuestos por algunos historiadores de temas militares. Hay un autor —de nombre Keegan, por si alguno de ustedes le interesa— que es extraordinariamente bueno. Él habla de los rostros de la guerra y dice, por ejemplo, que no es lo mismo Alejandro Magno cuando tenía que ir al frente de su ejército —porque Alejandro Magno tenía que legitimarse como un guerrero— a Napoleón, que no peleaba directamente, o a Ulises Grant en la guerra civil de los Estados Unidos. Dice este autor que hay distintos momentos, distintas personas y distintos equipamientos. Pero con independencia de esos detalles, lo que resulta muy interesante es que imaginemos lo que hacen los soldados: en una condición de paz, hay una invasión —normalmente, por parte de una potencia extranjera o como parte de una guerra civil— y enseguida, las personas que están entrenadas para esos fines se arman; van a la batalla; regresan de la batalla; muchos mueren, otros quedan heridos; salvan a la sociedad y la sociedad les suele otorgar a estas personas grandes honores, grandes distinciones, grandes reconocimientos; precisamente por esa la-

---

1 Versión estenográfica de la conferencia impartida en la Universidad Iberoamericana Puebla, el 20 de octubre de 2022. Agradezco a Ana Lucía Cossío Charvel, a Yadira García Montero, a Montserrat Ramírez Romero y a Pedro Rubio Cordero su apoyo para la preparación final de este texto.

bor. Si ustedes van a ciudades en todo el mundo o, nada menos, aquí en la ciudad de Puebla; si ustedes visitan algunas de las calles, zonas y monumentos más importantes, notarán que tienen el nombre de quienes dieron la vida por una determinada comunidad. No vayamos más lejos: aquí tienen ustedes al general Zaragoza, que peleó en una importante batalla. Aquí tienen los Fuertes de Loreto y de Guadalupe. En fin, se encuentra ahí toda una mitología de salvación. Insisto, los que han tenido oportunidad de viajar podrán reconocer que esto es así en casi cualquier ciudad del mundo.

El problema que se presenta es muy delicado porque conduce a la pregunta de: ¿qué se hace con personas que están entrenadas en la violencia? Insisto, se les pide que peleen, se les pide que arriesguen la vida. Pero ¿qué hacemos con ellas en tiempos de paz?

El artículo 129 de la Constitución de los Estados Unidos Mexicanos recoge una experiencia no nacional, sino mundial, que dice con muchísima claridad y de forma casi textual, que, en tiempos de paz, los miembros de las fuerzas armadas no pueden hacer más funciones que las que tengan exacta conexión con la disciplina militar y, por eso, se mantendrán en fuertes, almacenes, cuarteles, etcétera. No es que la Constitución esté simplemente postulando una situación respecto a las fuerzas armadas. Lo que la Constitución está haciendo —como muchas otras constituciones del mundo— es reconocer o recoger experiencias. Utilizo —la palabra parece peyorativa, pero no lo es— a las fuerzas armadas para que salgan, peleen, que en algunas ocasiones den la vida, nos protejan y, cuando regresan, las tenemos que colocar en una situación de enorme cuidado, de enorme prevención para que esas fuerzas armadas entrenadas en la violencia no destruyan a la propia sociedad que las construyó. Esta es la experiencia histórica que se está dando en ese sentido e, insisto, es lo que reconoce la Constitución.

En distintos países del mundo los ejércitos no se utilizan para las operaciones ordinarias. Lo que se hace con el ejército es enfrentar enemigos exteriores e ir a condiciones de guerra, y todas las funciones interiores quedan otorgadas a distintos cuerpos civiles de policía para tratar de mantener esta distinción. Entonces, este sí me parece que es un elemento esencial: cuando se empiezan a confundir las funciones civiles y militares, todos perdemos. Este me parece que es el contexto en el que tenemos que entender la condición actual de México.

No es actual que se empezó a movilizar al ejército; no inició ni en el sexenio del presidente Calderón, ni en el sexenio del presidente López

Obrador. Tiene muchísimos años que esto se está dando, que se está construyendo. Más claramente, desde mediados de los años sesenta, en operaciones de diversa naturaleza: algunas como programas de apoyo social o de apoyo a la comunidad —como el DN-III-E—, pero también en la repartición de libros de texto, o en algunas operaciones más complicadas como la destrucción de plantíos o el enfrentamiento de guerrillas urbanas o guerrillas rurales como en los años setenta. Se ha ido dando una expansión hacia todos estos elementos y, si uno comparara la cantidad de operaciones que se efectuaban, digamos, en 1965 con la que se realizaba al inicio del sexenio del presidente Calderón; al inicio del sexenio del presidente Peña Nieto; al inicio de la presidencia de López Obrador y en la actualidad; realmente esto tiene una tendencia increíblemente al alta. La cantidad de recursos que se les ha otorgado es brutal. Esto puede verse en los informes de auditoría donde se determina el número de recursos presupuestales que se les dan a las fuerzas armadas. Están todos en internet; yo los he estado consultando para dar cuenta de que esto también es absolutamente incremental.

Otra cosa que tienen estos informes es, tanto para la Secretaría de Marina como para la Secretaría de la Defensa, el número de funciones en que se han ido involucrando las fuerzas armadas. Todo esto es completamente incremental. No es algo que apareciera ahora como un fenómeno nuevo; sin embargo, sí creo que hay una condición novedosa en el sexenio del presidente López Obrador y es un uso más amplio, más intensivo, más intencionado de las propias fuerzas armadas. Había una suerte de zona de ambigüedad en sexenios anteriores: uno podría haber dicho: ¿por qué están repartiendo libros de texto los militares? No queda muy claro. ¿Por qué protegen las boletas electorales y urnas? De nuevo, no nos quedaba muy claro. Lo que sí hemos observado en este sexenio es una constitucionalización; o si quieren, una juridificación de las actividades de las fuerzas armadas.

Les hemos otorgado puertos, fronteras, operaciones directas de seguridad y una ampliación hasta el año 2028. Un asunto que me parece particularmente delicado es una modificación a la Ley Orgánica de la Administración Pública Federal donde se establecen las atribuciones de la Secretaría de Defensa, donde dice que el ejército puede ser utilizado en cualquier operación civil que le encomiende el presidente de la República. Entonces, vean ustedes que lo interesante y lo complejo de esto es una escisión entre, primero, actividades llevadas a cabo por el ejército y la armada en tiempos de paz; y, en tiempos de guerra: esta distinción ya no es relevante, sino que es un ejército funcionado.

Esta discusión tiene un sustento jurídico —que es un sustento muy equivocado— de la Suprema Corte de Justicia de la Nación en la acción de inconstitucionalidad 1/95 donde empezó toda esta juridificación novedosa. Al crearse la Ley de Seguridad Nacional, se estableció que los generales, el general secretario y el almirante secretario podían participar en el Consejo de Seguridad Nacional y la Suprema Corte de Justicia de la Nación dijo en aquel momento que sí era factible que las fuerzas armadas realizaran prácticamente cualquier función civil siempre que estuvieran al mando de una autoridad civil.

Yo creo que aquí hay un núcleo muy poco discutido, muy poco conocido, donde, a partir de esa determinación de la Corte, se empezó a expandir la posibilidad de intervención de las fuerzas armadas en una enorme cantidad de funciones. Esta decisión se tomó comenzando el año de 1996 con la Corte originaria después de la reforma del presidente Zedillo. Esta Corte estableció la idea de que puede justificarse la intervención de las fuerzas militares mientras esté a su mando una autoridad civil.

Claro, la condición ha sido expansiva, como en todos estos elementos; tanto que se puede considerar desde esa doctrina, y así es como la han interpretado: que estando a cargo del presidente de la República, la Secretaría de la Defensa Nacional y la Secretaría de Marina, simple y sencillamente porque son parte de la Administración Pública Centralizada, consecuentemente, están al mando de un civil y pueden hacer estas operaciones. En ese momento no se dijo eso, pero quedó establecido ese primer problema y, como suele suceder en el derecho, las excepciones se suelen convertir en reglas y van contaminando la totalidad de los fenómenos hasta hacerlos costumbre.

Hay un segundo problema: ¿qué significa que las fuerzas armadas estén en tiempos de paz o de guerra? Una vez declarada la guerra, y finalizados los tiempos de paz, sabemos que el presidente puede presentar la iniciativa al Congreso, el Congreso tiene que emitir una ley y el presidente de la República —en su carácter de jefe de Estado, con base en la ley emitida por el Congreso— tiene que hacer la declaración de guerra. En México, esto ya se hizo conforme al texto vigente en 1942 cuando se declaró la guerra a las potencias del eje: Alemania, Italia y Japón, para efectos de entrar a la Segunda Guerra Mundial.

Si ustedes revisan, hay un error con el procedimiento del presidente Ávila Camacho porque inicialmente, se adelanta la declaración de guerra.

Yo creo que alguien le dijo: "Oiga presidente, ¿no tiene usted que presentar la iniciativa ante el Congreso?", y él contestó: "No, yo nada más estaba anunciando que lo iba a hacer". Posteriormente, emitió la ley el Congreso y, finalmente, el presidente declaró la guerra.

Otro supuesto es que se puede movilizar al ejército, desde luego, bajo un régimen de suspensión de derechos y garantías siguiendo el procedimiento contemplado en el artículo 29 de la Constitución mexicana.

Y un supuesto más es el que establece el artículo 89 cuando plantea que el presidente de la República puede utilizar al ejército y a la armada cuando esté comprometida la seguridad interior. Aquí ya no es seguridad nacional, ni seguridad pública; sino que es seguridad interior, pero para poder utilizar ese concepto y hacerlo operativo, el presidente de la República tendría que emitir un decreto en el cual dijera que la seguridad interior efectivamente está comprometida; algo que no hizo ni Calderón, ni Peña, ni López Obrador. Lo que sucedió fue que se movilizó al ejército en una guerra, o en lo que se llamó muy eufemísticamente y con enormes complicaciones jurídicas, una guerra para movilizar al ejército y a la armada, una guerra contra el narcotráfico y la delincuencia organizada, sin tener conceptualizados los fenómenos a los que se enfrentaban. ¿Quién es el enemigo?; ¿cuál es la magnitud de las operaciones, de los despliegues territoriales, las estrategias, las tácticas y todo lo que involucra un fenómeno militar? Como nada de eso existió, el ejército sale sin más.

La condición de "en tiempos de paz" no está diseñada, ni establecida; simplemente se dio esta condición operativa. Me parece que hay aquí un problema central: se saca al ejército para resolver el problema central de la delincuencia, de la inseguridad, etcétera; y empiezan estos fenómenos históricos —que tienen muchos ejemplos a lo largo de la historia— donde se piensa, recurriendo a la analogía de un medicamento, que lo que hay que hacer es incrementar la terapia porque no se está logrando con las dosis presentes los efectos que se están buscando.

Hace algunos años leía un libro muy simpático que decía que cuando se entra en esas lógicas, en esas crisis, las personas piensan que haciendo más de lo mismo se logran los efectos esperados. Si una persona dijera que se siente triste o deprimido, y que alguien responda: "yo creo que si te tomas una copa de alcohol al día puede ser que te empieces a sentir mejor, que tengas más tranquilidad" y la persona no se siente mejor, posteriormente es una botella; dos botellas y eventualmente es toda la vinatería; porque se piensa que el efecto se va a lograr incrementando las dosis y no buscando estrategias alternativas al tratamiento que se está dando. Esto me parece que es el origen del fenómeno.

Parece que se pensó no pueden las policías—porque son corruptas o porque están incapacitadas o por cualquier otra razón—operar contra una delincuencia organizada tan poderosa, entonces la solución es "echar mano" del ejército y si no está funcionando el ejército, pues más ejército. Así sucesivamente, hasta encontrar en esa lógica —que, desde luego, yo no comparto— una solución o una alternativa. En ese incremento se rompió claramente lo dispuesto en el artículo 129 constitucional; se rompió toda la condición excepcional de las fuerzas armadas y, regreso a mi punto inicial, porque estamos en una situación donde se quebrantó la estipulación de que estas fuerzas armadas deberían actuar solo en circunstancias específicas, bajo reglas específicas y después entrar a una condición de paz, desmovilizarse, acuartelarse, seguirse entrenando, controlarse, etcétera.

Tenemos una situación de excepcionalidad que se va generalizando, que va permeando, que va penetrando en muchos ámbitos de la vida. Ahora bien, podrían preguntarse ustedes cuál es el problema que se genera con esta movilización. Yo creo que son muchos los problemas: primero, las propias fuerzas armadas tienen un estatus jurídico por la condición de defensa, por la condición de protección hacia los integrantes de una sociedad. Por esa misma razón ellos están constituidos en unos códigos, con unas disciplinas, con una serie de elementos sociales, culturales, históricos, a los que nosotros somos ajenos. Yo no sé quién de ustedes en este momento esté dispuesto a tomar un fusil y salir a darse balazos con unas personas. Es muy difícil. Ellos tienen que construirse psicológicamente; tienen que crear códigos de honor; deben tener lealtad hacia una bandera; deben tener un sentido de emoción hacia ciertas marchas, cosa que prácticamente ninguno de los que estamos aquí tenemos. No porque sean mejores, no porque sean peores, no porque sean más valientes, sino porque tienen una condición diferente como la puede tener un médico, la puede tener un abogado, como pueden tener otras muchas personas. Ahí hay condiciones importantes. Por eso también se les da una condición de fuero militar. Si revisan el artículo 13 de la Constitución, lo que dice es que los militares, con relación a la disciplina militar, van a ir a sus propios tribunales. Nosotros no vamos a ir ahí, porque nosotros no estamos regidos por esas disposiciones y es bastante claro que se requiere una condición excepcional como elemento de construcción social para poder refrendar eso.

Entonces, primero, juegan con una disciplina que nosotros no jugamos. Todos esos elementos de disciplina militar van a tribunales propios a los que nosotros no vamos a ir. Segundo, tienen un sistema particular en términos de transparencias y de opacidades. Si lo que está en juego es la seguridad nacional, no va uno a decirle al enemigo cuántos fusiles se tienen disponibles, dónde están guardados, cuáles son las tácticas, las estrategias, etcétera. Todo eso es bastante razonable que esté en una condición de secrecía. Entonces, su situación de excepcionalidad, tanto en la disciplina, como en la asignación de recursos, en la transparencia, en la opacidad, deriva de una posición extraordinaria que es salir a defender contingentes sociales, grupos sociales, comunidades, naciones —el nombre da igual porque ha variado muchísimo en la historia, pero hoy, el elemento mayor es la nación—.

Pero ¿qué pasa cuando estas distinciones, que parecen muy obvias y no lo son, se quiebran? ¿Qué pasa cuando los militares empiezan a hacer operaciones que no tienen que ver con la disciplina militar? Si yo les ordeno que vayan y se den de balazos en una situación, ese es un elemento. Si yo les digo que vayan a construir un aeropuerto, es otra cuestión completamente distinta. ¿Tiene sentido mantener la disciplina? ¿Tiene sentido mantener la secrecía? ¿Tiene sentido mantener una ausencia de transparencia por seguridad nacional?

Pues claro que tiene sentido: no pueden ser tan ingenuos como para decir, insisto, "háganse licitaciones públicas". Eso no puede suceder. No tiene sentido decir: "Oiga y, ¿cuánto costó la varilla del aeropuerto? ¿Cuántas toneladas de concreto se utilizaron? ¿A quién se le compraron los equipos de seguridad?"

¿Dónde está, entonces, el punto de quiebre y el punto de distracción de todo esto? En la idea de que todo lo hecho por militares, con independencia de la disciplina militar, de la defensa, debe tener un sentido militar.

Lo importante no es que el militar salga o no salga a dar una guerra. Lo importante —con lo que no estoy de acuerdo— es que lo que hace el militar, por el hecho de ser militar, debe tener las condiciones generales de excepción. El precio de la varilla, el precio del cemento, los planes para poner una línea ferroviaria en la Península de Yucatán, por ejemplo, empiezan a adquirir una excepcionalidad completa. Esto me parece que empieza a quebrar todas las líneas porque la excepción no proviene de la operación, sino del sujeto, con independencia de la operación que el sujeto realiza.

Otro problema es que los controles democráticos son tenues cuando se están analizando las condiciones militares, ya fuese en la Primera Guerra Mundial, la Segunda Guerra Mundial, la guerra de Corea, la guerra de Vietnam... Es difícil que en una situación de guerra se pueda llamar al Congreso a que informe en términos generales de operaciones, tácticas y desarrollos. Es difícil que vengan los generales para explicar cuáles son las tácticas y operaciones de batalla. Esto no va a suceder porque se debe mantener en una condición de secrecía. Obviamente hay que esperar que la guerra termine para generar las condiciones de responsabilidad de cada uno de los involucrados.

Sitúense si quieren en las películas que han visto sobre Churchill o de Dunquerque, para que estemos todos con una imagen más o menos generalizada, ¿qué sucede, otra vez, cuando en estas operaciones que se están realizando cotidianamente se pretende llamar a cuentas democráticas? *Vengan y dígannos cómo están disponiendo el presupuesto; dígannos dónde están poniendo retenes; dígannos qué está sucediendo, no contra un enemigo, sino contra la población civil que forma parte de la comunidad a la que ustedes dicen defender.*

Ahí, otra vez se van a romper completamente los controles democráticos y eso es lo que hemos estado viendo los últimos días. Cuando está uno en guerra no está informando este tipo de cosas:

—*Ya después ustedes verán si soy responsable o no o si me van a llevar a un tribunal internacional o no, pero en este momento de las operaciones yo no voy a dar cuenta.*

Es que se vuelven a romper los controles democráticos.

—*Oiga y, ¿cómo están gastando el dinero?*

—*Pues no se lo voy a decir por la misma razón.*

Y así puedo seguir poniendo una gran cantidad de ejemplos alrededor de lo que estoy diciendo. Entonces, ya se afectó la disciplina militar; ya se contaminó el ejército con estas condiciones; ya se contaminó la democracia y empieza a surgir para nosotros como ciudadanía una condición también excepcional en que los militares están procurando valores superiores —los militares y marinos— para que puedan llevar a cabo acciones extraordinarias respecto de todos nosotros.

Consecuentemente, las violaciones a derechos humanos *no son tan violaciones a derechos humanos*; los hechos en los que se les dispara a las personas en retenes *no son tan graves* porque se está en una situación de guerra, porque se está en una situación de excepcionalidad.

Un último elemento que quiero poner sobre la mesa es el siguiente: si ustedes se fijan, el problema no es que se esté militarizando solamente la sociedad; no es solo que tengamos cada vez más presencia de militares; no es que las funciones de policía las hagan los militares, o que los contratos se les asignen; sino que hay un fenómeno inverso que me cuesta un poco de trabajo explicar, pero que podría llamarse 'la civilización del propio ejército'. Es decir, que el ejército y la armada empiecen a adoptar condiciones civiles que tampoco les son propias. Este es un problema relevante, ya que el ejército y la armada empiezan a perder ese espacio, ese campo, esas fronteras, esos límites que son precisamente los elementos que deberían hacerles excepcionales y, con esto, se empiezan a constituir elementos ordinarios de operación cotidiana en el ejército.

Entonces, tenemos una pérdida del valor de los derechos humanos porque estos se pueden empezar a instrumentalizar. Primero, puedo tener retenes, detenciones, puedo tener modificaciones a la flagrancia porque estoy luchando con un enemigo que se ha materializado de una determinada forma. Segundo, puedo tener una completa división de las funciones porque, al haber representado un fenómeno tan grande e importante, lo puedo ir ocupando con estos elementos militares. Tercero, el tema de la responsabilidad se empieza a diluir y ya no queda muy claro qué está haciendo lo civil y qué está haciendo lo militar. Cuarto, los controles democráticos empiezan, desde luego, a traslaparse y empiezan a tener una situación excepcional. No puedo revisar las cuentas, no puedo revisar las asignaciones, no puedo revisar las comunicaciones, porque estoy en una condición excepcional.

Hay que tener en claro que para que estuviéramos en una condición excepcional, tendrían que haberse suspendido derechos, tendría que haberse declarado la guerra o tendría que haberse declarado comprometida la seguridad interior y, hasta ahora, ninguno de esos fenómenos se ha dado. Consecuentemente, estamos en juegos ordinarios, desde luego juegos de seguridad pública —por graves que sean, no le estoy quitando ningún significado— pero, son juegos ordinarios con reglas extraordinarias y esa contaminación es la que me parece que va a ser muy difícil que podamos empezar a manejar.

Creo que todos, empezando por las fuerzas armadas, vamos a perder. Ellos van a perder disciplina, van a perder verticalidad, van a perder controles; nosotros como sociedad vamos a tener una mayor amenaza hacia nuestros derechos y libertades y, finalmente, comenzarían a traslaparse la democracia y la división de poderes. Por último, creo que nadie puede dudar de que estamos en un fenómeno y un proceso de militarización —la cual entiendo como el incremento de operaciones, actividades, recursos y atribuciones de las fuerzas militares—; y como se señala en algunas filosofías hegelianas y marxistas, podemos pasar de un elemento puramente cuantitativo, de una acumulación de elementos cuantitativos, a un cambio cualitativo. ¿Cuál es este cambio cualitativo? Que la creciente militarización nos lleve a un militarismo. Y esto sí es una diferencia sustantiva: el militarismo ya no es solo lo que hace el ejército y la armada: más actividades, más controles, más recursos, etcétera; sino que es la construcción de una sociedad con un imaginario social —compuesto por valores y representaciones sociales; como quieran ustedes— hecho con base en valores militares.

Esta condición social está basada en los supuestos y los entendimientos de la estructura patriarcal. Los hombres son obligados a tener cualidades tales como ser protectores, agresivos y fuertes, tanto física como emocionalmente. Por eso son los sujetos perfectos para ir a la guerra o morir por la patria. Tanto, que su función puede llegar a quedar reducida a ser un cuerpo de defensa sin cuestionar ordenes o sin sentir compasión alguna. La mujer, por el contrario, queda privada de una parte importante de sus decisiones sobre su vida al asignársele un rol fundamentalmente maternal. Su vida deja de girar en torno suyo para dirigir su devoción al cuidado de sus hijos y maridos, cuando no, de plano, a ser generadoras de nuevos guerreros encaminados a morir por su patria.

Entonces, la idea —para mí, equivocada— de que la hombría está dada en función de la forma en la que se enfrenta el enemigo; que es hombre aquel que es capaz de manejar un arma y oponerse a los contrincantes; que es hombre el que da la vida por otros…

Esto va a tener enormes consecuencias, me parece a mí, de gran magnitud porque, una vez más, volvemos a subordinar a la mujer, volvemos a generar como valores predominantes en una sociedad los que tienen que ver con las violencias y vamos avanzando, insisto, en un proceso grande de deterioro, si es que se hace ese cambio, de la militarización hacia el militarismo y esto creo que sí es un cambio bien importante que debemos tener en cuenta.

Y recurro a las ideas que la escritora Mary Beard expuso en una entrevista: cuando los romanos —pensando en los distintos momentos de la Monarquía, la República o el Imperio— decían estar haciendo civilización, lo hacían frente, contra, ante o sobre las mujeres. ¿Qué quiere decir Mary Beard sobre este asunto? Y creo que tiene mucho que ver con el militarismo: no es sobre la militarización, sino sobre el militarismo. Es decir, se hace civilización dominando, controlando, sometiendo, expulsando, matando, vejando. Esto se debe a que la dinámica en la psicología de estos procesos es la forma de construir algo frente a otro para lográrselo imponer. Me parece que ésta es una de las derivas más peligrosas que puede tener la militarización.

Hasta hoy, insisto, es una acumulación de aspectos estrictamente cuantitativos, pero ¿en qué momento esto migra? ¿En qué momento esto salta y entonces ya no es solo lo cuantitativo, sino que es lo cualitativo? Los valores determinantes de esta sociedad pueden ser valores de carácter militar y hemos tenido momentos históricos en que sucede esto.

Colóquense en el Porfiriato, puesto que una parte importante del Maximato se construyó en este periodo, hasta llegar a la presidencia del general Cárdenas que, precisamente por ser militar, y junto con el presidente Ávila Camacho fueron disminuyendo las posibilidades militares del país hasta entrar al gobierno del presidente Miguel Alemán. ¿Cualidades o defectos? No me meto en eso, pero hemos tenido una baja de la construcción militarista: ¿puede esto rebotar y volverse a construir como la necesidad de un país de hombres fuertes, de hombres violentos, de hombres que tienen pocos límites en su actuar, dado que nos están salvando de amenazas mayores? Esta es la parte, con toda franqueza, que más me preocupa.

Hay retos muy importantes. ¿Los elementos constitucionales y democráticos con los que hoy contamos son suficientes para reconducir a las fuerzas armadas a operaciones civiles ordinarias; para regresarlos a su posición de diferenciación entre lo militar y lo civil? ¿Son suficientes el sistema bicameral, el sistema Federal, el control de constitucionalidad, los derechos humanos, el sistema Interamericano, o no van a ser suficientes para reconducir? En este momento no tengo una respuesta, pero creo que la pregunta importante es: ¿cómo vamos a regresar? No en el sentido físico de volver a los cuarteles, sino en el de desmontar todas estas acciones, procesos y normas para ir reconduciendo el ejército a una función básica de defensa cuando esta sea necesaria; que se les reconozca por ello; que sus medallas, sus insignias, todo quede reconocido como virtuoso en tiempos de guerra y que quede limitado o acotado para las operaciones en tiempo de paz.

Yo creo que es el problema o uno de los problemas centrales de nuestro tiempo y creo que, como generación de jóvenes, tenemos que adoptar ideales esperanzadores y pensar no solo en lo que está pasando, sino en cómo, a través de qué procesos, de qué críticas y de qué condiciones podemos desmontar estos procesos y evitar el tránsito de la militarización al militarismo.

Muchas gracias.

La Paridad de Género en el Ámbito Municipal

José Antonio Bretón Betanzos

RESUMEN: La dignidad es el pilar de los demás derechos fundamentales, cuyo núcleo exige la no cosificación de la persona humana, por lo que toda persona debe de ser valorada en su individualidad, sin que pueda ser menospreciada por cualquier razón, entre otras, el género con el que una persona nace o se identifica. La negación de este principio genera discriminación, misma que se traduce en un menosprecio de aquella individualidad, y que provoca que las personas se ubiquen en una posición social distinta y desventajosa. En este sentido, la igualdad, como dimensión de la dignidad, exige la adopción de medidas por parte del Estado que provoquen que esas distinciones basadas en prejuicio sean revertidas, permitiendo a cualquier persona desarrollar cualquier proyecto de vida. En México, como en el resto del mundo, las mujeres sufren de discriminación que la coloca en una posición inferior a la de los varones en cualquier ámbito de la vida pública. Es por este motivo, que se han adoptado desde 1994 y hasta la actualidad diversas medidas para lograr un mayor posicionamiento de mujeres en cargos públicos. Sin embargo, no han existido estudios para determinar la efectividad de dichas medidas, razón por la que en este trabajo se pretende realizar un contraste entre la realidad y las medidas establecidas.

Palabras clave: Derechos Fundamentales, Dignidad Humana, Igualdad, Cuotas Electorales, Procesos Electorales, Género, Discriminación, Derecho Constitucional.

I. INTRODUCCIÓN

La dignidad humana es un principio fundamental que prohíbe la cosificación de la persona huma, es decir, que debe apreciarse a esta en su individualidad, sin poder ser causa de exclusión social, aquello que la distingue del resto. En este sentido, el género con el que una persona nace o se identifica es una categoría que no puede ser utilizada como justificación para provocar condiciones adversas que impiden que la persona se desarrolle plenamente, situación que ha ocurrido desde antaño.

Es por este motivo, que el Estado debe generar condiciones que reviertan las estructuras sociales, económicas y políticas que impiden que la mujer logre su pleno desarrollo en sociedad. La paridad es una de las medidas adoptadas en México para lograr el acceso al espacio público de mujeres que, desde siempre, han sido relegas al hogar y al cuidado.

Este trabajo pretende analizar la efectividad de las medidas normativas adoptadas en México para lograr mayor acceso a la mujer a cargos de representación popular. Por ello, este artículo analizará el contenido concreto del principio de la dignidad humana, a fin de comparar si en México se le otorga la misma protección que en otros países en nuestro propio contexto. Posteriormente, se buscará explicar la paridad desde el principio de igualdad material, mismo que establece la obligación por parte del Estado de remover los obstáculos que impiden la plena igualdad de las personas. Finalmente, se continuará con la descripción de la evolución de la legislación electoral de la paridad y se comparará con los resultados arrojados en la realidad, con el propósito de determinar si los esfuerzos realizados son suficiente o aún quedan aspectos pendientes.

II. LA DIGNIDAD HUMANA COMO FUNDAMENTO DE LA PARIDAD DE GÉNERO

El principio *ius* fundamental de la dignidad humana no cuenta con una tradición longeva como la tiene el principio de la libertad o de la igualdad, pues es posterior a los horrores provocados durante la segunda guerra mundial, especialmente lo realizado por el nazismo, que se busca reconocer que toda persona tiene valor por el hecho de serlo, por lo que no puede ser cosificada en modo alguno (V. Münch, 2009).

No es casualidad que Alemania, país dónde han ocurrido algunas de las peores vejaciones a los derechos fundamentales, sea el primer país, a nivel mundial, en darle el carácter de derecho fundamental a la dignidad humana en su Constitución. Así, en el Capítulo I, denominado "Derechos Fundamentales", la ley fundamental de Bonn establece: "La dignidad humana es intangible. Respetarla y protegerla es obligación de todo poder público".

La introducción de este principio en el capítulo de los derechos fundamentales es de gran relevancia, pues con independencia de considerarlo un principio fundamental que irradia al resto de los derechos, ya que es su fundamento, se le da el tratamiento de un auténtico derecho susceptible de reclamarse por vía de la queja constitucional.

No obstante, este gran avance en la historia de la humanidad resulta en extremo complejo la concreción del contenido del derecho a la dignidad humana, pues a diferencia de los derechos fundamentales clásicos, cuyo contenido resulta medianamente determinable a través de ciertos parámetros objetivos, la dignidad se convierte en un aspecto relativo (V. Münch, 2009).

En este sentido, el Tribunal Constitucional Federal Alemán ha señalado que la violación del derecho fundamental de la dignidad se deberá valorar en cada caso en concreto, específicamente a través de la variante "fórmula-objeto" (*Objekt-Formel*), por lo que existirá violación a la dignidad cuando el trato infligido a la persona suponga un menosprecio de su condición, es decir, cuando se trate a la persona como objeto[1].

Resultaría provechoso comparar con otro país europeo que tenga reconocido en su Constitución el principio de la dignidad, para contrastar si es que se le da el mismo tratamiento que en Alemania.

España es uno de los países europeos que tuvo como referente a Alemania al momento de transitar hacia la democracia. Al igual que Alemania, España sufrió de un amplio periodo de autoritarismo, es por este motivo que, al momento de buscar un referente en el cuál buscar inspiración para su proceso constituyente, tuviera en mente a Alemania, en especial, lo referente a enaltecer la persona humana por el hecho de serlo (De los Reyes, 2011).

En este orden de ideas, en el título I de la Constitución Española de 1978, denominado "De los derechos y deberes fundamentales", en su artí-

---

1 El que el Art. 1 de la ley Fundamental, conocido como el principio de la inalienabilidad de la dignidad humana, no pueda ser modificado mediante una reforma constitucional, tal y como lo dispone el Art. 79, párrafo 3 de la ley Fundamental, dependerá ante todo de las circunstancias en las cuales se considere violada la dignidad humana. **Evidentemente esto no se puede establecer en forma general**, sino siempre atendiendo al caso en concreto. las fórmulas generales, como la que prevé que **los seres humanos no pueden ser degradados al ser tratados por el poder estatal como un simple objeto**, establecen **las directrices que sirven para determinar los casos en los que se da una violación de la dignidad humana**. No pocas veces el ser humano se vuelve un simple objeto, no sólo de las circunstancias y del desarrollo social, sino también del derecho, en la medida en que debe adherirse a éste sin que se tomen en cuenta sus intereses. La violación de la dignidad humana no se da por esta sola razón. **Se debe añadir el hecho de que la persona haya sido sometida a un trato que cuestiona principalmente su calidad de sujeto**, o que en el tratamiento dado en un caso concreto exista una desvalorización arbitraria de la dignidad humana. El trato que afecta la dignidad humana, otorgado por el poder público al ser humano en cumplimiento de la ley, debe ser considerado como una minusvalorización de las garantías de que goza el ser humano por virtud de ser persona, y en ese sentido tiene también el carácter de un "trato abyecto". Sentencia de la Segunda Sala del Tribunal Constitucional Alemán, del 15 de diciembre de 1970, (2 BvF 1/69, 2 BvR 629/68 y 308/69.), el resaltado es propio.

culo 10.1 se establece lo siguiente: "La dignidad de la persona, los derechos inviolables que le son inherentes, el libre desarrollo de la personalidad, el respeto a la ley y a los derechos de los demás son fundamento del orden político y de la paz social."

A pesar de que al igual que en Alemania, en España se reconoce el principio de la dignidad humana, éste no constituye un derecho fundamental, más bien es un principio fundador del orden público y de la paz social.

Esta diferencia se debe, en principio, a que en el ordenamiento constitucional español sólo algunos derechos poseen una protección reforzada, esto es, que únicamente podrán ser recurridas las violaciones por medio del recurso de amparo de los derechos reconocidos en el artículo 14 y la sección primera del capítulo segundo de la Constitución Española, entre los que no figura la dignidad[2].

Aunado a lo anterior, el Tribunal Constitucional Español, le ha negado el carácter de derecho fundamental a la dignidad humana en su jurisprudencia, lo considera un principio fundamental del orden constitucional español, sin brindarle la protección reforzada para lograr su efectividad. Tal como lo menciona en el Auto 149/1999, de junio de 1999:

> Debemos descartar, en primer lugar, las denunciadas vulneraciones de los derechos a la integridad física (art. 15 C.E.), al honor y a la propia imagen (art. 18 C.E.), **así como la existencia de un pretendido derecho fundamental a la dignidad humana** que opere de forma autónoma e independiente ex art. 10 C.E.
>
> Comenzando por esta última invocación, basta recordar que **la dignidad de la persona no se reconoce en nuestra Constitución como un derecho fundamental sino como "fundamento del orden político y la paz social"** (art. 10 C.E.), para rechazar eventuales violaciones de ese mandato constitucional susceptibles de protección autónoma a través del proceso constitucional de amparo.

Como principio fundamental de la Constitución española, la dignidad irradia en los demás derechos fundamentales, siendo su sustento (STC

---

2 Artículo 53

...

2. Cualquier ciudadano podrá recabar la tutela de las libertades y derechos reconocidos en el artículo 14 y la Sección primera del Capítulo segundo ante los Tribunales ordinarios por un procedimiento basado en los principios de preferencia y sumariedad y, en su caso, a través del recurso de amparo ante el Tribunal Constitucional. Este último recurso será aplicable a la objeción de conciencia reconocida en el artículo 30.

337/1994), éste se concreta en la determinación consiente de la propia vida, por lo que amerita el reconocimiento y respeto por parte del resto de las demás personas (STC 53/1985). Aunque no debe de olvidarse que carece de la protección reforzada del recurso de amparo.

Es en la prohibición de cosificación de la persona, como aspecto indispensable para respetar la dignidad, en la que existe coincidencia entre la doctrina jurisprudencial de los tribunales constitucionales de España y Alemania. Sin embargo, se observa un trato diferente a la dignidad en ambos países. Mientras que en Alemania se le otorga el rango de derecho fundamental, en España se le considera un principio.

Ahora bien, después de comparar el tratamiento dado a la dignidad en Alemania, país en el que se reconoció por primera vez este derecho, y en España, Estado influenciado por la doctrina constitucional alemana, resulta conveniente estudiar cuál es la postura adoptada por México en este sentido.

En la Constitución Política de los Estados Unidos Mexicanos (CPEUM) la dignidad no se reconoce como un derecho o principio independiente, sino que se liga a la prohibición de discriminación a la persona, a partir de la reforma constitucional en materia de derechos humanos de junio de 2011, es decir, 62 años después de la Constitución de Bonn. Así se limita a mencionar en su artículo 1°, resaltándose que es en su último párrafo:

> Queda prohibida toda discriminación motivada por origen étnico o nacional, el género, la edad, las discapacidades, la condición social, las condiciones de salud, la religión, las opiniones, las preferencias sexuales, el estado civil o **cualquier otra que atente contra la dignidad humana** y tenga por objeto anular o menoscabar los derechos y libertades de las personas.

A pesar de la regulación tan vaga de este derecho en la Constitución Federal, la Suprema Corte de Justicia de la Nación ha señalado en su jurisprudencia que la dignidad de la persona constituye un auténtico derecho, cuyo respeto es exigible, mismo que se concreta en entender a la persona como un fin en sí mismo y no como un objeto. En adición a lo mencionado, también considera a la dignidad humana como un principio fundamental, en el que se sustentan el resto de los derechos humanos[3].

---

[3] DIGNIDAD HUMANA. CONSTITUYE UNA NORMA JURÍDICA QUE CONSAGRA UN DERECHO FUNDAMENTAL A FAVOR DE LAS PERSONAS Y NO UNA SIMPLE DECLARACIÓN ÉTICA.- La dignidad humana no se identifica ni se confunde con un precepto meramente moral, sino que se proyecta en nuestro

Como puede observarse, nuestra Suprema Corte adopta la postura alemana y española, pues reconoce la dignidad como derecho y principio fundamental, a pesar de que en la Constitución mexicana no se le otorga tan amplia estima. A pesar de la interpretación expansiva de la dignidad como un auténtico derecho, en los precedentes del máximo intérprete de la Constitución mexicana no se advierte referencia al modo en que se concreta este derecho, como, por ejemplo, lo ha hecho el Tribunal Constitucional Alemán mediante la "fórmula-objeto".

Para Rolla (2006) la dignidad como valor fundamental tiene dos dimensiones: la formal y la sustancial. En el plano formal, toda restricción de un derecho fundamental debe respetar el contenido esencial del derecho, pues la dignidad, al ser el fundamento de todos los derechos, constituye un mínimo invulnerable.

En el plano sustancial, la dignidad tiene una función de interpretación y unificación del orden jurídico, al constituir los demás derechos diversas facetas de ésta. La primera, ya que una disposición que sea susceptible de asumir diversos significados deberá interpretarse en sentido más favorable con el principio de la dignidad o no adoptando la interpretación que contrarie con este valor. De unificación, pues los diversos derechos tutelan un solo bien jurídico: la persona en su individualidad y dignidad.

Estas dimensiones las encontramos en la Constitución Federal, principalmente en el artículo 1°, en éste encontramos el principio pro-persona y

---

ordenamiento como un bien jurídico circunstancial al ser humano, merecedor de la más amplia protección jurídica, reconocido actualmente en los artículos 1o., último párrafo; 2o., apartado A, fracción II; 3o., fracción II, inciso c); y 25 de la Constitución Política de los Estados Unidos Mexicanos. En efecto, el Pleno de esta Suprema Corte ha sostenido que la dignidad humana funge como un principio jurídico que permea en todo el ordenamiento, pero también como un derecho fundamental que debe ser respetado en todo caso, cuya importancia resalta al ser la base y condición para el disfrute de los demás derechos y el desarrollo integral de la personalidad. Así las cosas, la dignidad humana no es una simple declaración ética, sino que se trata de una norma jurídica que consagra un derecho fundamental a favor de la persona y por el cual se establece el mandato constitucional a todas las autoridades, e incluso particulares, de respetar y proteger la dignidad de todo individuo, entendida ésta —en su núcleo más esencial— como el interés inherente a toda persona, por el mero hecho de serlo, a ser tratada como tal y no como un objeto, a no ser humillada, degradada, envilecida o cosificada. 1a./J. 37/2016 (10a.), Gaceta del Semanario Judicial de la Federación, Décima Época, Libro 33, agosto de 2016, Tomo II, p. 633.

de interpretación conforme, por lo que, a pesar de lo vagamente regulado, la dignidad ve reflejada sus dos dimensiones en la Constitución.

De lo ampliamente expuesto se aprecia que la dignidad humana exige que toda persona sea apreciada y valorada en su individualidad, por lo que la diversidad que existe en las sociedades modernas no puede ser menospreciada. En este caso, el género con el que una persona nace o se identifica no puede utilizarse para generar un entorno que violente su dignidad, en el que, por el hecho de ser mujer, implique un obstáculo para desenvolverse plenamente en la vida.

Es por tal causa, que la paridad de género en los cargos públicos encuentra justificación, pues solo mediante el establecimiento de un porcentaje indispensable de cargos en los que las mujeres deben estar presentes, se logra un aprecio de la diferencia de género por parte de la sociedad, es decir, que se valore la individualidad que encierra nacer o identificarse con el género femenino, respetando así efectivamente la dignidad de las mujeres.

III. IGUALDAD MATERIAL Y PARIDAD

El constitucionalismo se nutre de ciertos valores que han ido perdurando a lo largo de su historia, mismos que han formado un núcleo, cuyo contenido debe de ser replicado en los diversos textos fundacionales para que puedan considerarse propiamente como "Constitución"[4]. No pasa inadvertido el famoso artículo 16 de la Declaración de los Derechos del Hombre y del Ciudadano, mismo que refiere que toda Constitución, para tener ese calificativo, debe establecer la división de poderes y garantizar los derechos.

En este sentido, un núcleo intangible del constitucionalismo es el control del poder, de manera que el Estado tenga ciertos límites en la esfera individual de la persona, a efecto de que ésta pueda desarrollar libremente el plan de vida que mejor le acomode. Para lograr este objetivo, el consti-

---

4 Por ejemplo, Rubio Llorente (2016) menciona "por Constitución entendemos aquí y entiende hoy la mejor de la doctrina, un modo de ordenación de la vida social en el que la titularidad de la soberanía corresponde a las generaciones vivas y en el que, por consiguiente, las relaciones entre gobernantes y gobernados están reguladas de tal modo que éstos disponen de unos ámbitos reales de libertad, que les permiten el control efectivo de los titulares ocasionales del poder. No hay otra Constitución que la Constitución democrática".

tucionalismo, nutrido por la corriente liberal de la época, se concretó a establecer una igualdad ante la ley de todos los sujetos, es decir, que bastaba, para que cada individuo pudiera desarrollar su plan de vida, que el Estado no realizara distinciones arbitrarias en la ley[5].

Sin embargo, esta manera de entender la igualdad escondía las estructuras sociales, económicas y políticas que colocaban y colocan a las personas en distintas condiciones, no pudiendo desarrollar en igual dignidad los proyectos de vida que han decidido seguir. Es por lo anterior, que el constitucionalismo sufrió un giro copernicano, pues ahora el Estado no debe solamente abstenerse de intervenir ilegítimamente en la esfera privada del ser humano, sino que debe intervenir a efecto de remover todos los obstáculos que impiden que las personas gocen de igual dignidad.

El constitucionalismo social pretende no solo garantizar la libertad del ser humano, sino que toda persona logre la igualdad de condiciones. En este sentido, encontramos constituciones como la española de 1978, misma que en su artículo 9.1 establece:

> Corresponde a los poderes públicos promover las condiciones para que la libertad y la igualdad del individuo y de los grupos en que se integra sean reales y efectivas; **remover los obstáculos que impidan o dificulten su plenitud y facilitar la participación de todos los ciudadanos en la vida política, económica, cultural y social**.

Es en este orden de ideas, ya no solo se habla de la igualdad formal, sino, también, de la igualdad material, entendida esta última como la obligación del Estado de propiciar las condiciones que provoquen que los individuos gocen de las mismas condiciones para lograr desarrollar cualquier plan de vida.

La Suprema Corte de Justicia de la Nación ha distinguido entre igualdad formal e igualdad material, siendo la primera la clásica concepción de la igualdad ante y en la ley, que se refiere a la prohibición de tratos diferenciados en la aplicación de la ley, así como en los supuestos abstractos previstos en la norma. Mientras que la igualdad material conlleva la necesidad de remover obstáculos, de cualquier índole, que impiden el ejercicio real

---

5 El constitucionalismo revolucionario (EUA y Francia) atesoraba particularmente la libertad debido a que se trataba de una exigencia de la clase emergente, la burguesía (Díaz Revorio, 2018).

y efectivo de los derechos fundamentales de todas las personas, en especial de grupos vulnerables[6].

---

[6] DERECHO HUMANO A LA IGUALDAD JURÍDICA. DIFERENCIAS ENTRE SUS MODALIDADES CONCEPTUALES.- El citado derecho humano, como principio adjetivo, se configura por distintas facetas que, aunque son interdependientes y complementarias entre sí, pueden distinguirse conceptualmente en dos modalidades: 1) la igualdad formal o de derecho; y, 2) la igualdad sustantiva o de hecho. **La primera es una protección contra distinciones o tratos arbitrarios y se compone a su vez de la igualdad ante la ley, como uniformidad en la aplicación de la norma jurídica por parte de todas las autoridades**, e igualdad en la norma jurídica, que va dirigida a la autoridad materialmente legislativa y que consiste en el control del contenido de las normas a fin de evitar diferenciaciones legislativas sin justificación constitucional o violatorias del principio de proporcionalidad en sentido amplio. Las violaciones a esta faceta del principio de igualdad jurídica dan lugar a actos discriminatorios directos, cuando la distinción en la aplicación o en la norma obedece explícitamente a un factor prohibido o no justificado constitucionalmente, o a actos discriminatorios indirectos, que se dan cuando la aplicación de la norma o su contenido es aparentemente neutra, pero el efecto o su resultado conlleva a una diferenciación o exclusión desproporcionada de cierto grupo social, sin que exista una justificación objetiva para ello. Por su parte, **la segunda modalidad (igualdad sustantiva o de hecho) radica en alcanzar una paridad de oportunidades en el goce y ejercicio real y efectivo de los derechos humanos de todas las personas, lo que conlleva que en algunos casos sea necesario remover y/o disminuir los obstáculos sociales, políticos, culturales, económicos o de cualquier otra índole que impidan a los integrantes de ciertos grupos sociales vulnerables gozar y ejercer tales derechos**. Por ello, **la violación a este principio surge** cuando existe una discriminación estructural en contra de un grupo social o sus integrantes individualmente considerados y la autoridad **no lleva a cabo las acciones necesarias para eliminar y/o revertir tal situación**; además, su violación también puede reflejarse en omisiones, en una desproporcionada aplicación de la ley o en un efecto adverso y desproporcional de cierto contenido normativo en contra de un grupo social relevante o de sus integrantes, con la diferencia de que, respecto a la igualdad formal, los elementos para verificar la violación dependerán de las características del propio grupo y la existencia acreditada de la discriminación estructural y/o sistemática. Por lo tanto, la omisión en la realización o adopción de acciones podrá dar lugar a que el gobernado demande su cumplimiento, por ejemplo, a través de la vía jurisdiccional; sin embargo, la condición para que prospere tal demanda será que la persona en cuestión pertenezca a un grupo social que sufra o haya sufrido una discriminación estructural y sistemática, y que la autoridad se encuentre efectivamente obligada a tomar determinadas acciones a favor del grupo y en posibilidad real de llevar a cabo las medidas tendentes a alcanzar la igualdad de hecho, valorando a su vez el amplio margen de apreciación del legislador, si es el caso; de ahí que tal situación deberá ser argumentada y probada por las partes o, en su caso, el juez podrá justificarla o

Refiere la Corte que se viola el principio de igualdad material cuando el Estado no realiza acciones tendentes a lograr revertir la situación estructural desventajosa. Las acciones que debe tomar el Estado para lograr la plena igualdad de las personas se traducen en medidas administrativas, legislativas, o de cualquier otro carácter que tenga como misión evitar que se sigan generado situaciones estructurales de desventaja para ciertos grupos.

El género, es una de las categorías utilizadas por la sociedad para provocar condiciones desiguales que impiden a las mujeres desarrollar el plan de vida que mejor les acomode, entre otros, el acceso a cargos públicos, por lo que el Estado mexicano, siguiendo la línea jurisprudencial de la Corte, debe tomar acciones para revertir la desventaja impuesta por las estructuras sociales, entre otras, las de reservar cierto porcentaje de cargos para ser ocupados por mujeres.

IV. LA EVOLUCIÓN DE LA LEGISLACIÓN ELECTORAL DE GÉNERO EN MÉXICO

En México, la mujer no tuvo derecho al voto hasta 1950, y fue a partir de 1993, que se empezaron a adoptar medidas para lograr que su presencia en los órganos representativos fuera mayor. Antes de 1993, la presencia de mujeres en la cámara de diputados no superaba el 7.8%, mientras que en el senado el 7.4%[7]. Fue a partir de la introducción, en la CPEUM en 2014, del principio de paridad de género, que se ha logrado el 50 % de presencia femenina en el Congreso de la Unión. Es importante conocer la evolución de la legislación electoral para comprender las dificultades que han implicado lograr la paridad y cómo se han superado.

En el año 1993 se reformó el artículo 175 del Código Electoral de Instituciones y Procedimientos Electorales (COFIPE) introduciendo la recomendación a los partidos políticos de promover una mayor participación de las mujeres en la vida política mediante su postulación a cargos de elección popular. Sin embargo, esta reforma era una mera recomendación, de modo que, los partidos no tuvieron ningún ánimo por lograr su objetivo.

---

identificarla a partir de medidas para mejor proveer. 1a./J. 126/2017 (10a.) Gaceta del Semanario Judicial de la Federación, Décima Época, Libro 49, Diciembre de 2017, Tomo I, p. 119.

7 Instituto Nacional Electoral, (S.F.)

El 22 de noviembre de 1996 se vuelve a reformar el COFIPE para introducir en su artículo 5 la obligación a los partidos políticos de incorporar a sus estatutos que las candidaturas que postulen al Congreso de la Unión no estén conformadas por más del 70% de un mismo género. Sin embargo, los mecanismos para lograr su cumplimiento y las sanciones correspondientes estuvieron ausentes.

En el año 2002 se consigue otro avance al establecer en el COFIPE que los partidos deberán conformar sus listas por segmentos de tres candidaturas, de tal forma que, dentro de los tres primeros exista, cuando menos, una candidatura de género distinto. A pesar de lo novedoso del mecanismo y del establecimiento de sanciones se abrió una "vía de escape" a los partidos, de modo que, las candidaturas que se postularan mediante mayoría relativa y como producto de un proceso democrático interno de selección, se excusaban de la obligación de respetar el equilibrio de géneros.

En el año 2008 se aumentó el porcentaje requerido a un 40%. Sin embargo, siguió presente la posibilidad de incumplir ese porcentaje, si las candidaturas a elegir por mayoría relativa fuesen producto de un proceso interno democrático de selección. Además, existía un inconveniente respecto a los suplentes porque estos no tenían que respetar ese porcentaje. Lo anterior provocó la aparición del fenómeno de las denominadas "juanitas", mujeres que resultaban electas y, una vez que tomaban posesión del cargo, renunciaban a él para que en su lugar entrara un varón[8]. Esta práctica fue apelada ante el Tribunal Electoral del Poder Judicial de la Federación, alegando un fraude al espíritu de la reforma que buscaba la mayor presencia de mujeres. El TEPJF dictó la sentencia SUP-JDC-12624/2011121[9], en la

---

[8] Al respecto se sugiere leer el artículo: Emociones, narrativas y prejuicios sexistas. "Las juanitas", un caso de violencia política de género contra las mujeres, de Rosa María González Victoria.

[9] CUOTA DE GÉNERO. LAS FÓRMULAS DE CANDIDATOS A DIPUTADOS Y SENADORES POR AMBOS PRINCIPIOS DEBEN INTEGRARSE CON PERSONAS DEL MISMO GÉNERO.- De la interpretación sistemática y funcional de los artículos 1°, 4°, 51, 57, 63 de la Constitución Política de los Estados Unidos Mexicanos; 20, párrafos 3 y 4, 218, párrafo 3, 219, párrafo 1, y 220 del Código Federal de Instituciones y Procedimientos Electorales, se colige que las fórmulas de candidatos a diputados y senadores postuladas por los partidos políticos o coaliciones ante el Instituto Federal Electoral, deben integrarse con al menos el cuarenta por ciento de candidatos propietarios del mismo género. De lo anterior, se advierte que la finalidad es llegar a la paridad y que la equidad de género busca el equilibrio en el ejercicio de los cargos de representación popular. Por tanto, las fórmulas que se registren a efecto de observar la citada cuota de género, deben integrarse con

que señaló que la fórmula de propietario y suplente debía comprender a personas del mismo género.

Es importante mencionar el compromiso del TEPJF con la paridad de género, dictando sentencias en favor de lograr su consecución ante las artimañas de los partidos para incumplir con sus obligaciones. Ante esta situación, la máxima instancia legal de México en materia electoral ha entendido que se debe procurar una interpretación en pro de lograr la mayor presencia de mujeres en los cargos de representación, es decir, que exige una perspectiva de la paridad de género como mandato de optimización, admitiendo una mayor participación de mujeres de lo que cuantitativamente se entiende por paridad, es decir, 50/50; debido a que una interpretación restrictiva del mandato de paridad podría restringir el efecto útil de la interpretación de dichas normas y de las medidas afirmativas, limitando la postulación de mujeres en los casos en que se justifica una mayor presencia femenina[10].

---

candidatos propietario y suplente, del mismo género, pues, de resultar electos y presentarse la ausencia del propietario, éste sería sustituido por una persona del mismo género, lo que además trascenderá al ejercicio del cargo, favoreciendo la protección más amplia del derecho político-electoral citado. Jurisprudencia 16/2012, Gaceta de Jurisprudencia y Tesis en materia electoral, Quinta Época, Tribunal Electoral del Poder Judicial de la Federación, Año 5, Número 10, 2012, pp.19 y 20.

10 PARIDAD DE GÉNERO. LA INTERPRETACIÓN Y APLICACIÓN DE LAS ACCIONES AFIRMATIVAS DEBE PROCURAR EL MAYOR BENEFICIO PARA LAS MUJERES.- De la interpretación sistemática y funcional de los ; 1, numeral 1 de la Convención Americana sobre Derechos Humanos; 2, numeral 1 del Pacto Internacional de Derechos Civiles y Políticos; 4, inciso j), 6, inciso a), 7, inciso c), y 8 de la Convención Interamericana para Prevenir, Sancionar y Erradicar la Violencia contra la Mujer; 1, 2, 4, numeral 1, y 7, incisos a) y b) de la Convención sobre la Eliminación de Todas las Formas de Discriminación contra la Mujer; II y III de la Convención sobre los Derechos Políticos de la Mujer, se advierte que la paridad y las acciones afirmativas de género tienen entre sus principales finalidades: 1) garantizar el principio de igualdad entre hombres y mujeres, 2) promover y acelerar la participación política de las mujeres en cargos de elección popular, y 3) eliminar cualquier forma de discriminación y exclusión histórica o estructural. En consecuencia, aunque en la formulación de las disposiciones normativas que incorporan un mandato de postulación paritaria, cuotas de género o cualquier otra medida afirmativa de carácter temporal por razón de género, no se incorporen explícitamente criterios interpretativos específicos, al ser medidas preferenciales a favor de las mujeres, deben interpretarse y aplicarse procurando su mayor beneficio. Lo anterior exige adoptar una perspectiva de la paridad de género como mandato de optimización flexible

En el año 2014 se hizo una importante reforma al artículo 41 de la CPEUM para incorporar la obligación de los partidos políticos de garantizar la paridad de género en todos los cargos en los que postulen candidaturas. A tal efecto, se modificó la Ley General de Partidos Políticos a fin de desarrollar esta obligación constitucional. Así, en su artículo 3 se señala que estos deberán garantizar la participación efectiva de ambos géneros en las candidaturas que postulen, asimismo, en sus órganos internos.

Otro aspecto importante es el deber de los partidos de no postular mujeres en distritos en donde los partidos prevean pocas posibilidades de ganar, debido a que, de lo contrario, se estaría pervirtiendo y defraudando el objetivo de la paridad, permitiendo a los partidos que puedan cumplir con su obligación postulando a la mayoría de las mujeres en distritos con pocas posibilidades de éxito quedando las mujeres sub-representadas. A tal efecto, el Instituto Nacional Electoral (INE) creó la "fórmula de no exclusividad" (como su nombre lo indica, se pretende que los partidos no designen exclusivamente a un solo género en los distritos de baja votación), la cual consiste en ordenar la lista de distritos electorales en donde los partidos postularon candidaturas a diputación federal de menor a mayor porcentaje de votación y dividirla en tres bloques. El primero, está conformado por los 20 distritos donde el partido tuvo la votación más baja; el segundo, con aquellos donde tuvo una media; y, por último, un tercero, con los distritos en los que tuvo una votación alta[11]. De manera que los partidos deberán postular, la mitad hombres y de mujeres en cada tipo de distrito garantizando así la paridad

Debido a que los partidos no cumplían con su obligación de respetar la paridad en su interior, el TEPJF dictó sendas sentencias en las que obligaba

---

que admite una participación mayor de mujeres que aquella que la entiende estrictamente en términos cuantitativos, como cincuenta por ciento de hombres y cincuenta por ciento de mujeres. Una interpretación de tales disposiciones en términos estrictos o neutrales podría restringir el principio del efecto útil en la interpretación de dichas normas y a la finalidad de las acciones afirmativas, pues las mujeres se podrían ver limitadas para ser postuladas o acceder a un número de cargos que excedan la paridad en términos cuantitativos, cuando existen condiciones y argumentos que justifican un mayor beneficio para las mujeres en un caso concreto. Jurisprudencia 11/2018, Gaceta de Jurisprudencia y Tesis en materia electoral, Sexta Época, Tribunal Electoral del Poder Judicial de la Federación, Año 10, Número 21, 2018, pp. 26 y 27.

11 Artículo 282.3 del reglamento de elecciones, (INE/CG661/2016, 7 de septiembre de 2016).

a los partidos a cumplir con la paridad reponiendo procesos internos de selección de sus órganos directivos[12]. Posteriormente, la máxima instancia judicial electoral mexicana determinó que la paridad al interior de los partidos no es limitativa de los órganos directivos de los partidos.

Finalmente, el 6 de junio de 2019 se publicó en el diario oficial de la federación la reforma constitucional a los artículos 2, 4, 35, 41, 52, 53, 56, 94 y 115. Esta reforma busca asegurar la paridad transversal de las mujeres en todos los órganos públicos y, no solo en los de representación política, sino también en todos los niveles de gobierno: federal, estatal y municipal. De este modo se busca asegurar la presencia del 50% de hombres y mujeres en la responsabilidad pública.

V. LA PARIDAD EN LA REALIDAD

Resultaría poco enriquecedor hablar de los avances que se han presentado en la normatividad, sin observar si en la realidad éstas han tenido algún efecto, pues como se ha señalado, es deber del Estado remover los obstáculos que impiden a la mujer acceder en iguales condiciones a una vida plena.

La normativa electoral ha procurado la presencia de las mujeres en todos los cargos públicos y no solo los de elección popular. Sin embargo, como podrá apreciarse, no en todos los niveles de gobierno se ha logrado garantizar que las mujeres accedan a los cargos.

---

12 PARIDAD DE GÉNERO. LOS PARTIDOS POLÍTICOS TIENEN LA OBLIGACIÓN DE GARANTIZARLA EN LA INTEGRACIÓN DE SUS ÓRGANOS DE DIRECCIÓN.- De la interpretación sistemática de los artículos 1o, 4° y, 41, Base I, párrafo segundo, de la Constitución Política de los Estados Unidos Mexicanos; 3, párrafo 3 y, 37, párrafo 1, inciso e), de la Ley General de Partidos Políticos; así como 36, fracción IV, de la Ley General para la Igualdad entre Mujeres y Hombres, se desprende que los institutos políticos deben garantizar la participación efectiva de ambos géneros en la integración de sus órganos de dirección, así como promover la representación igualitaria entre mujeres y hombres dentro de sus estructuras internas. Por tanto, aunque la normativa interna de los partidos políticos no prevea la paridad de género o no la defina expresamente, éstos se encuentran obligados a observarla en la integración de dichos órganos, por tratarse de un estándar constitucional que garantiza la participación efectiva de las mujeres. Jurisprudencia 20/2018, Gaceta de Jurisprudencia y Tesis en materia electoral, Sexta Época, Tribunal Electoral del Poder Judicial de la Federación, Año 11, Número 22, 2018, pp. 20 y 21.

Por lo que respecta al Congreso de la Unión, existe un avance significativo en presencia de la mujer, pues prácticamente contamos con un parlamento paritario.

Tabla 1. Porcentaje de mujeres en la cámara de diputados y senadores[13]

Diputados	Diputadas
51.8%	48.2%
Senadores	**Senadoras**
49.21%	50.78%

De la tabla obtenemos que los esfuerzos legislativos y jurisprudenciales han logrado un Congreso Federal prácticamente paritario. También existe gran avance en presencia de mujeres en los congresos locales, habiendo un porcentaje de 53% en promedio.

Tabla 2. Promedio de mujeres en los congresos locales[14]

Diputados	Diputadas
47%	53%

En presencia de mujeres, 13 estados se encuentran por encima de la media nacional, 14 en la media y 6 por debajo de ésta, aunque los estados que se ubican por debajo de la media no están muy lejos de lograr la paridad, lo que resulta alentador.

Tabla 3. Estados con porcentaje de mujeres en su congreso por encima de la media[15]

Estado	Mujeres	Hombres
Jalisco	63.15%	36.84%
Michoacán	62.50%	37.50%
Chiapas	62.50%	37.50%

13 Tabla elaborada con datos de la Cámara de Diputados (S.F.) y del Senado de la República (S.F.).

14 Tabla elaborada con datos del Centro de Investigación en Política Pública (2022).

15 Tabla elaborada con datos del Centro de Investigación en Política Pública (2022).

Estado	Mujeres	Hombres
Coahuila	60%	40%
Nayarit	60%	40%
Oaxaca	59.52%	40.47%
Sonora	57.57%	42.73%
Sinaloa	57.50%	42.50%
Campeche	57%	42.85%
Baja California Sur	57%	42.85%
Yucatán	56%	44%
Baja California	56%	44%
Tabasco	54.28%	45.71%

Tabla 4. Estados con porcentaje de mujeres en su congreso en la media[16]

Estado	Mujeres	Hombre
Ciudad de México	53.03%	46.96%
Quintana Roo	52%	48%
Tlaxcala	52%	48%

Tabla 5. Estados con porcentaje de mujeres en su congreso por debajo la media[17]

Estado	Mujeres	Hombre
Estado de México	49.33%	
Chihuahua	48.48%	51.51%
San Luis	48.14%	51.85%
Querétaro	48%	52%
Durango	48%	52%

[16] Tabla elaborada con datos del Centro de Investigación en Política Pública (2022).

[17] Tabla elaborada con datos del Centro de Investigación en Política Pública (2022).

Estado	Mujeres	Hombre
Colima	52%	48%
Aguascalientes	51.85%	48.14%
Puebla	51.21%	48.78%
Veracruz	51.02%	48.97%
Morelos	50%	50%
Hidalgo	50%	50%
Zacatecas	50%	50%
Tamaulipas	50%	50%
Guanajuato	50%	50%
Nuevo León	50%	50%
Guerrero	50%	50%

Sin embargo, cuando pasamos a otros cargos públicos la normativa ya no produce efectos tan positivos, pues no existe igual número de mujeres que hombres. Por ejemplo, en el caso de las gubernaturas, sólo 28.12% del total son ocupadas por mujeres, es decir, 9 de 32.

Tabla 6. Mujeres ocupando cargos de gobernadoras[18]

Estados con mujeres gobernadoras
Aguascalientes
Baja California
Campeche
Chihuahua
CDMX
Colima
Guerrero
Quintana Roo
Tiaxcala

18 Tabla elaborada con base en datos del Instituto Nacional Electoral (S.F.)

Caso semejante es el de las presidencias municipales, pues a nivel nacional tan sólo el 31.68% del total es ocupado por mujeres, no obstante, este porcentaje resulta mayor, debido a que existen estados con un porcentaje muy elevado de mujeres alcaldes, como Baja California con un 80%, Quintana Roo 63.60%, Colima 60%, Baja California 57.10%, CDMX 50%, pero al llegar al final de estados por encima de la media, el porcentaje baja a los 33.30%. En este tenor, tan solo 11 estados se encuentran por encima de la media y 22 por debajo de esta, es decir, la mayoría.

Tabla 7. Estados con mujeres presidentas municipales por encima de la media[19]

Estado	Porcentaje de Mujeres
Baja California Sur	80.00%
Quintana roo	63.60%
Colima	60%
Baja California	57.10%
CDMX	50%
Tabasco	47.10%
Campeche	46.20%
Tamaulipas	41.90%
Sinaloa	38.90%
Edo. Mex	37.60%
Morelos	33.30%

Tabla 8. Estados con mujeres presidentas municipales por debajo de la media[20]

Estado	Porcentaje
Durango	30.80%
Guanajuato	30.40%
Yucatán	30.20%

19 Tabla elaborada con base en datos del Instituto Nacional Electoral (S.F.)

20 Tabla elaborada con base en datos del Instituto Nacional Electoral (S.F.)

Estado	Porcentaje
San Luis	29.30%
Coahuila	28.90%
Guerrero	28.80%
Quéretaro	27.80%
Veracruz	23.60%
Michoacán	22.30%
Sonora	22.20%
Jalisco	20.80%
Zacatecas	20.70%
Puebla	20.30%
Nuevo León	19.60%
Aguascalientes	18.20%
Hidalgo	17.90%
Chihuahua	17.90%
Morelos	15.20%
Tlaxcala	15%
Chiapas	13.00%
Oaxaca	5.30%

De los anteriores fenómenos se observa que mientras más cercanos se encuentran los cargos a elegir a la población, existe menor porcentaje de mujeres electas; esto lleva a considerar que sigue sin combatirse el principal problema en la sociedad que impide que las mujeres pueden acceder en condiciones de igualdad a la esfera pública, pues, de los datos observados, se puede estimar que existe más machismo en la selección de cargo de representación popular de las periferias.

Si bien las reglas para la paridad son necesarias, ya que es obligación del Estado mexicano remover los obstáculos que impiden que las mujeres gocen de una vida digna, también lo es que éste tiene el deber, de conformidad con el artículo 1° de la Constitución, de promover en sociedad el derecho a la mujer a una vida libre de violencia. Lo anterior sólo se logrará mediante la educación que logre eliminar los prejuicios discriminatorios que abundan en la sociedad contra la mujer. De no cumplir con esta obligación, seguiremos registrando malos resultados en porcentaje de mujeres.

Lo anterior se confirma cuando se considera el número de mujeres que en Estado de Puebla ocupan cargos de presidentas de juntas auxiliares, pues solo el 6.82 % (45 de 695) son mujeres.

Tabla 9. Juntas Auxiliares del Estado de Puebla con mujeres presidentas[21]

Municipio	Junta Auxiliar
Tlacuilotepec	Huahuaxtla
Xicotepec	San Antonio Ocopetatlan
	San Isidro
Venustiano Carranza	Villa Lazaro Cardenas
Zihuateutla	Mazacoatlan
Hermenegildo Galeana	Ignacio Ramírez
Chignahuapan	Llano Verde
Ixtacamaxtitlán	Atexquilla
	Texocuixpan
Zacapoaxtla	Xalacapan
Nauzontla	Cuautepehual de B.J
Cuetzalan del Progreso	Xocoyolo
Jonotla	Ecatlan
Teziutlán	San Juan Acateno
San Martin Texmelucan	San Rafael Tlanalapan
	Santa Catarina Hueyatzacoalco
Santa Rita Tlahuapan	San Pedro Matamoros
Huejotzingo	**Santa Maria Nepopualco**
Tepeaca	San Bartolome Hueyapan
	San Pablo Actipan

21 Tabla elaborada con base en datos del Instituto Electoral del Estado.

Municipio	Junta Auxiliar
Atlixco	San Jeronimo Caleras
Tochimilco	La Magdalena Yancuitlalpan
	San Antonio Alpanocan
	Santiago Tochimilzolco
Izucar de Matamoros	San Felipe Ayutla
Chietla	San Nicolas Tenexcalco
	Vivorillas de Hidalgo
Huaquechula	El Troncal
	Santa Ana Coatepec
Chiautla	Pilcaya
Tlapanalá	San Luis Chalma
Jolalpan	Huachinantla
Teotlalco	Santa Cruz
Tepemaxalco	San Miguel Xicotzingo
Huehuetlán el Grande	San Juan Huatetelco
Zacapala	San Mateo Mimiapan
Xochiltepec	San Miguel Ayotla
Acatlan	San Bernardo
Guadalupe	Mixquitepec
Tulcingo	Zaragoza de la Luz
Tehuitzingo	Atopoltitlan
Coyotepec	Zoyamazalco
Ixcaquixtla	Santa Cecilia Clavijero
Cañada Morelos	Buena Vista
San Jose Mihuatlan	San Mateo Tlacoxcalco

Finalmente, se realizó un cruzado con los datos obtenidos, para determinar si en los estados gobernados por mujeres, existe un porcentaje paritario en sus congresos y sus presidencias municipales, a fin de precisar si la existencia de una mujer en el principal cargo a disputarse en una entidad federativa, como lo es la gobernatura, produce que más mujeres sean electas. Estos son los resultados:

Tabla 10. Cruzado de Estados con mujeres gobernadores, en relación con el porcentaje de mujeres diputas y presidentas municipales[22]

Estados con mujeres gobernadoras	Diputadas	Presidentas Municipales
Aguacalientes	51.85%*	18.20%
Baja California	56%	57.10%*
Campeche	57%*	46.20%
Chihuahua	48.48%*	17.90%
CDMX	53.03%*	50%
Colima	52%	60%*
Guerrero	50%*	28.80%
Quintana Roo	52%	63.60%*
Tlaxcala	52%*	15%

Como podrá apreciarse, en los nueve estados con mujeres gobernadora, sus congresos son prácticamente paritarios, no ocurre lo mismo con las presidencias municipales, pues solamente en Baja California, Ciudad de México, Colima y Quintana Roo, en 4 de 9, las presidencias municipales ocupadas por mujeres superan el 50%.

La reforma de 2019 en materia de género tenía el propósito de lograr la presencia de mujeres no solo en los cargos de elección popular, sino en todos los cargos. Sin embargo, ésta ambiciosa reforma no ha logrado los resultados que se esperan de ella. La paridad en todo no se logrará, mientras no se combatan los prejuicios sociales que pesan contra las mujeres, la educación es la apuesta más acertada para lograr un mayor aprecio por parte de la sociedad a las mujeres, y, de este modo, lograr que éstas sean elegidas en mayor medida por el electorado.

22 Tabla de elaboración propia.

VI. CONCLUSIÓN

La dignidad humana es un principio que irradia en todos los derechos fundamentales y en el ordenamiento jurídico, este se concreta en la prohibición de cosificación de la persona humana. En este sentido, el valorar a la persona por su individualidad, conlleva la obligación de respetar la diversidad existente en la sociedad, de modo que ésta no sea pretexto para provocar situaciones adversas para los distintos grupos o sectores de la sociedad.

El género con el que una persona nace o se identifica, no puede ser obstáculo para que la persona logre el desarrollo de su proyecto de vida. Sin embargo, el pensamiento machista que abunda en la sociedad constituye un auténtico impedimento para que las mujeres accedan al espacio público, pues se considera que deben estar destinadas al hogar y a labores de cuidado[23].

La dignidad tiene eco en la igualdad material, es decir, el deber del estado de remover esos obstáculos que impiden a las mujeres acceder en las mismas condiciones a los cargos públicos. En México han sido constantes los esfuerzos legislativos por lograr un mayor porcentaje de mujeres en los diversos puestos de elección popular, e, incluso, a partir de la reforma de 2019, los que no lo son.

Estos esfuerzos han registrado ciertos aspectos positivos, sobre todo, en el Congreso de la Unión y en gran medida en los congresos locales; a pesar de ello, los demás cargos analizados, como gubernaturas, presidencias municipales y juntas auxiliares, no reflejan buenos resultados. Valdría la pena analizar la efectividad de otros principios como el de "alternancia" en materia de postulación de candidaturas[24].

---

23 Como Señala Valcárcel (2019, p.98) "Las mujeres genéricamente nunca han tenido el poder. Y las que individualmente lo han tenido no por ello han dejado de ser mujeres, esto es, no por ello han dejado de estar sujetas a la mirada que las quiere disponibles, difíciles, modestas, peligrosas, bellas, humildes, pícaras, abnegadas, graciosas, esquivas, dulces... o todo ello a la vez. En una sociedad patriarcal, el varón es la medida de todas las cosas".

24 Este principio lo encontramos previsto en el artículo 14 de la Ley General de Instituciones y Procedimientos Electorales: "En las listas a que se refieren los párrafos anteriores, los partidos políticos señalarán el orden en que deban aparecer las fórmulas de candidaturas. En las fórmulas para senadurías y diputaciones, tanto en el caso de mayoría relativa, como de representación proporcional, los partidos políticos deberán integrarlas por personas del mismo género y encabezadas alternadamente entre mujeres y hombres cada periodo electivo."

Como se ha referido, mientras los puestos a elegir sean más cercanos a la sociedad, menor presencia de mujeres se reporta, por lo que debe considerarse que no ha sido suficiente la labor de promoción del Estado mexicano, a fin de eliminar los estereotipos que ubican a la mujer en el ámbito privado y no en el espacio público.

De los datos estudiados, se estima que en las comunidades periféricas donde más abunda el pensamiento machista, por lo que se deben redoblar los esfuerzos de promoción de los derechos de la mujer, a efecto de modificar la cultura política predominante y desde este momento se logre un total respeto a los derechos de las mujeres en su aspecto material y la falta de respeto a la igualdad desaparezca de la preocupación que hoy padecemos.

Aunado a lo mencionado, las mujeres no han logrado acceder a los cargos con mayor preponderancia política, como lo son las gubernaturas y la presidencia de los Estados Unidos Mexicanos. Se ha avanzado bastante, pero no es suficiente, la progresividad de los derechos humanos implica la obligación de ir trabajando constantemente para perfeccionar el disfrute de los derechos de las mujeres.

Referencias

Auto del Tribunal Constitucional Español 149/1999, de junio de 1999.

Cámara de Diputados. (s.f.). *Integración*. Obtenido de https://web.diputados.gob.mx/inicio/tusDiputados

Centro de Investigación en Política Pública, (2022). *PARIDAD Y COMPOSICIÓN DE LOS CONGRESOS ESTATALES.* Obtenido de https://imco.org.mx/paridad-y-composicion-de-los-congresos-estatales/.

Código Federal de Instituciones y Procedimientos Electorales, 1990, México.

Constitución Española, 1978, España.

Constitución Política de los Estados Unidos Mexicanos, 1917, México.

Instituto Nacional Electoral. (s.f.). *Mujeres Electas, #MujeresPolíticas.* Obtenido de https://igualdad.ine.mx/mujeres-en-la-politica/mujeres-electas/

Jurisprudencia 11/2018, Gaceta de Jurisprudencia y Tesis en materia electoral, Sexta Época, Tribunal Electoral del Poder Judicial de la Federación, Año 10, Número 21, 2018, pp. 26 y 27.

Jurisprudencia 16/2012, Gaceta de Jurisprudencia y Tesis en materia electoral, Quinta Época, Tribunal Electoral del Poder Judicial de la Federación, Año 5, Número 10, 2012, pp. 19 y 20.

Jurisprudencia 20/2018, Gaceta de Jurisprudencia y Tesis en materia electoral, Sexta Época, Tribunal Electoral del Poder Judicial de la Federación, Año 11, Número 22, 2018, pp. 20 y 21.

Ley Fundamental de la República Federal Alemana, 1949, Alemania.

Ley General de Partidos Políticos, 2014, México.

Llorente, F. R. (2016). La Constitución como fuente del Derecho. En M. Carbonell, Teoría de la Constitución (págs. 155-176). Ciudad de México: Porrúa.

Münch, I. V. (2009). La Dignidad del Hombre En el Derecho Constitucional Alemán. Foro, Nueva Época., 107-123.

Reglamento de Elecciones del Instituto Nacional Electoral,2016, México.

Revorio, F. J. (2018). Fundamentos actuales para una teoría de la Constitución. Querétaro: Instituto de estudios constitucionales del Estado de Querétaro.

Reyes, A. O. (2011). El Concepto Constitucional de Dignidad de la Persona. *Revista Española de Derecho Constitucional*, 135-178.

Rolla, G. (2006). Instituto de Investigaciones Jurídicas de la UNAM. Obtenido de https://repositorio.unam.mx/contenidos/tecnicas-de-garantia-y-clausulas-de-interpretacion-de-los-derechos-fundamentales-consideraciones-sobre-las-constit-5023466?c=eg7m6p&d=false&q=*:*&i=2&v=1&t=search_1&as=0

Senado de la República (s.f.). *Integración*. Obtenido de https://www.senado.gob.mx/65/senadores/generó

Sentencia de la Segunda Sala del Tribunal Constitucional Alemán, del 15 de diciembre de 1970.

Sentencia del Tribunal Constitucional Español 337/1994, de diciembre de 1994.

Sentencia del Tribunal Constitucional Español 53/1985, de abril de 1985.

Tesis 1a./J. 126/2017, Gaceta del Semanario Judicial de la Federación, Décima Época, Libro 49, diciembre de 2017, Tomo I, p. 119.

Tesis 1a./J. 37/2016, Gaceta del Semanario Judicial de la Federación, Décima Época, Libro 33, agosto de 2016, Tomo II, p. 633.

Valcárcel, A. (2019). Ahora, feminismo, cuestiones candentes y frentes abiertos. Madrid: Ediciones Cátedra.

La oportunidad para que el derecho sirva como instrumento de respeto de la dignidad de los animales

DR. ARTURO GAMALIEL

Resumen: Este trabajo busca reflexionar sobre el desafío para que, desde el derecho, se genere un cambio con el objetivo de crear normas que protejan la dignidad de los animales, comenzando por la modificación de los textos legales que los clasifican como bienes, cosas u objetos. El planteamiento de este reto parte de la propuesta del Papa Francisco sobre el cuidado de la casa común en la Encíclica Laudato si', sustentada en un cambio de la manera en que los seres humanos nos relacionamos con nuestro entorno natural, para lograr una conservación y protección de la naturaleza mediante el impulso de actitudes en nuestra forma de convivir y socializar con el mundo, sobre todo, con el resto de los seres vivos. El cuidado de la casa común exige, entonces, que los seres humanos eliminemos los obstáculos que contienen las normas jurídicas para la protección de la dignidad de los animales, porque son seres sintientes y tienen un valor inherente que motiva a garantizarles una vida digna, por el hecho de ser integrantes del mundo que compartimos. En el sistema jurídico mexicano los animales son considerados bienes semovientes, son cosas que pueden ser objeto de comercio y de apropiación. Ante ello, es importante recapacitar sobre la idea de que las normas jurídicas busquen asignarles un derecho a los animales: a no ser tratados como propiedad de los seres humanos, porque ninguna de las criaturas que pertenecemos a esta casa común podemos considerarnos dueños de ella, ni del resto de sus integrantes.

Palabras claves: cuidado de la casa común, derecho, bienes semovientes, seres sintientes, dignidad animal.

I. INTRODUCCIÓN

En este trabajo se busca plantear una reflexión sobre el desafío para que, desde el derecho, se genere un cambio con el objetivo de crear normas que protejan la dignidad de los animales, comenzando por la modificación de los textos legales que los consideran como bienes, cosas u objetos.

El planteamiento de este reto parte de la propuesta del Papa Francisco sobre el cuidado de la casa común en la Encíclica Laudato si', sustentada en un cambio de la manera en que los seres humanos nos relacionamos con nuestro entorno natural, para lograr una conservación y protección de la naturaleza y el impulso de actitudes en nuestra forma de convivir y socializar con el mundo, sobre todo, con el resto de los seres vivos. El cuidado de la casa común exige, entonces, que los seres humanos eliminemos los obstáculos que contienen las normas jurídicas para la protección de la dignidad de los animales, porque son seres sintientes y tienen un valor inherente que motiva a garantizarles una vida digna, por el hecho de integrar el mundo que compartimos.

Cuando los seres humanos causamos daños a la naturaleza, estamos afectando la casa común de la que forman parte también el resto de los seres vivos, como los vegetales y los animales. El hecho de que respetemos la dignidad de los animales, contribuye en gran medida a alcanzar la dignidad humana, porque si una persona se considera digna, está obligada a proporcionar un trato igual de digno con todos los seres vivos que forman parte de nuestra casa común.

En el sistema jurídico mexicano los animales son considerados bienes semovientes, son cosas que pueden ser objeto de comercio y de apropiación. Esta percepción no parece ser acorde a la idea de que todos los seres vivos que cohabitamos la casa común, por ese hecho, debemos ser objeto de respeto y cuidado, porque ese mensaje que se envía desde el derecho, implica que los animales, al no considerarlos seres vivos, carezcan de los derechos básicos que busquen su protección.

Aunque actualmente se han realizado diversos esfuerzos, desde el derecho, para crear normas jurídicas que protejan la dignidad animal, aún no existen bases sólidas para cumplir de manera idónea ese gran reto. Ante ello, es importante recapacitar sobre la idea de que las normas jurídicas busquen asignarles un derecho a los animales: a no ser tratados como propiedad de los seres humanos, porque ninguna de las criaturas que vivimos en esta casa común podemos considerarnos dueños de ella, ni del resto de sus integrantes.

Conviene precisar desde ahora que la reflexión que se hace en este trabajo involucra a los animales vivos, pero no atiende a los que se han considerado como «animales para abasto», es decir, los que proporcionan carne y productos cárnicos que contribuyen a la alimentación del hombre, porque el estudio que involucre a ese tipo de seres vivos tendrá que ser realizado desde una perspectiva diferente a la que aquí se plantea.

También es importante aclarar que este trabajo solo busca generar puntos de reflexión sobre las perspectivas que existen en el derecho mexicano en relación con los animales vivos y el desafío que implica motivar una transformación en el sistema jurídico para eliminar la idea de que solamente son cosas, bienes u objetos, porque esa apreciación dificulta la posibilidad de reconocerles derechos encaminados a la protección de la dignidad animal.

II. SOBRE EL CUIDADO DE LA CASA COMÚN Y LOS SERES QUE LA HABITAMOS.

En la carta Encíclica, Laudato si', se hace notar que nuestra madre tierra clama por el daño que le provocamos a causa del uso irresponsable y del abuso de los bienes que Dios ha puesto en ella. El deterioro ambiental global ha motivado que el líder de la iglesia católica se dirija a las personas que habitan el planeta, para entrar en diálogo con todos acerca de nuestra casa común, pues existe la posibilidad de una «catástrofe ecológica bajo el efecto de la explosión de la civilización industrial» (Santo Padre Francisco, 2015).

Por eso propone un cambio de la manera en que los seres humanos nos relacionamos con nuestro entorno natural, para lograr una conservación y protección de la naturaleza y el impulso de actitudes en nuestra forma de convivir y socializar con el mundo, sobre todo, con el resto de los seres vivos.

San Francisco de Asís (1224-1225, citado por el Santo Padre Francisco, 2015) considera lo anterior porque, toda pretensión de cuidar y mejorar el mundo supone cambios profundos en «los estilos de vida, los modelos de producción y de consumo, las estructuras consolidadas de poder que rigen hoy la sociedad». Estima importante la necesidad de que cada uno se arrepienta de sus propias maneras de dañar el planeta, porque «en la medida en que todos generamos pequeños daños ecológicos», estamos llamados a reconocer «nuestra contribución —pequeña o grande— a la desfiguración y destrucción de la creación» (Santo Padre Francisco, 2016).

El mismo autor, haciendo referencia a lo expresado en su Encíclica (2015), señala a San Francisco como el ejemplo por excelencia del cuidado de lo que es débil y de una ecología integral, vivida con alegría y autenticidad, porque para él cualquier criatura era una hermana, unida a él con lazos de cariño. Daba a todas las criaturas, por más despreciables que parecieran, el dulce nombre de hermanas[1].

---

1 *Legenda maior,* VIII, 6: *FF* 1145.

El desafío urgente de proteger nuestra casa común incluye la preocupación de unir a toda la familia humana en la búsqueda de un desarrollo sostenible e integral, pues las cosas pueden cambiar. La humanidad aún posee la capacidad de colaborar para construir nuestra casa común y garantizar su protección, así como la de sus integrantes.

En esa tarea, surge la importancia de reconocer el valor propio de cada criatura que habita la casa común, porque todas las criaturas estamos conectadas, cada una debe ser valorada con afecto y admiración, y todos los seres nos necesitamos unos a otros.

En esa Encíclica se hace una aclaración importante en el sentido de que los seres humanos «no somos Dios», porque la «tierra nos precede y nos ha sido dada». De manera que el ser humano no puede ser «dominante y destructivo», pues según la Biblia «la tierra es del Señor» (Sal 24,1), a él pertenece «la tierra y cuanto hay en ella» (Dt 10,14). Por eso, Dios niega toda pretensión de propiedad absoluta: «La tierra no puede venderse a perpetuidad, porque la tierra es mía, y vosotros sois forasteros y huéspedes en mi tierra» (Lv 25,23).

Hace un llamado para que el ser humano, dotado de inteligencia, respete las leyes de la naturaleza y los delicados equilibrios entre los seres de este mundo, porque «él lo ordenó y fueron creados, él los fijó por siempre, por los siglos, y les dio una ley que nunca pasará» (Sal 148, 5b-6). Por eso, la legislación bíblica propone al ser humano varias normas, no sólo en relación con los demás seres humanos, sino también en relación con los demás seres vivos. La Biblia no da lugar a un antropocentrismo despótico que se desentienda de las demás criaturas.

De este modo, los seres humanos estamos llamados a reconocer que los demás seres vivos tienen un valor propio ante Dios. El Catecismo de la Iglesia Católica de 1992 señala: «Toda criatura posee su bondad y su perfección propias [...] Las distintas criaturas, queridas en su ser propio, reflejan, cada una a su manera, un rayo de la sabiduría y de la bondad infinitas de Dios. Por esto, el hombre debe respetar la bondad propia de cada criatura para evitar un uso desordenado de las cosas».

En la Encíclica se destaca que los relatos bíblicos sirven para considerar al ser humano como sujeto, que nunca puede ser reducido a la categoría de objeto. Sobre esa idea, sería equivocado pensar que los demás seres vivos deban ser considerados como meros objetos sometidos a la arbitraria dominación humana. Se debe rechazar todo dominio despótico e irresponsable del ser humano sobre las demás criaturas. El fin último de las demás criaturas no somos nosotros, todas avanzan, junto con nosotros y a través de nosotros, hacia el término común, que es Dios, en una plenitud trascendente, pues el ser humano, dotado de inteligencia y de amor está llamado a reconducir todas las criaturas a su creador.

Los Obispos de Japón (2001) dijeron: «Percibir a cada criatura cantando el himno de su existencia es vivir gozosamente en el amor de Dios y en la esperanza». Debe existir la convicción de que, siendo creados por el mismo Padre, todos los seres del universo estamos unidos por lazos invisibles y conformamos una especie de familia universal, una sublime comunión que nos mueve a un respeto sagrado, cariñoso y humilde, porque citando nuevamente al Catecismo de la Iglesia Católica: «cuando el corazón está auténticamente abierto a una comunión universal, nada ni nadie está excluido de esa fraternidad». Todo ensañamiento con cualquier criatura «es contrario a la dignidad humana».

Si bien el ser humano puede intervenir en vegetales y animales, y hacer uso de ellos cuando es necesario para su vida, el Catecismo enseña que las experimentaciones con animales sólo son legítimas «si se mantienen en límites razonables y contribuyen a cuidar o salvar vidas humanas». Recuerda con firmeza que el poder humano tiene límites y que «es contrario a la dignidad humana hacer sufrir inútilmente a los animales y sacrificar sin necesidad sus vidas». Todo uso y experimentación «exige un respeto religioso de la integridad de la creación».

Desde mediados del siglo pasado, se ha ido afirmando la tendencia a concebir el planeta como patria y la humanidad como pueblo que habita una casa de todos, donde nos encontramos los seres humanos, los vegetales y los animales.

III. LA DIGNIDAD DE LOS ANIMALES

Mejía[2] (2011) citando al filósofo Jeremy Bentham, en su teoría utilitarista, extendió el principio de igualdad de los seres humanos a los animales. Al respecto, escribió: «Llegará el día cuando el resto de los animales de la

---

2 Luz Angélica Mejía Pérez es una filósofa colombiana, egresada de la facultad de filosofía de la Universidad Libre de Colombia. El ensayo más importante que ha publicado es *«Dignidad humana y dignidad animal. Sobre los derechos fundamentales de los animales»* (2011).

creación adquieran esos derechos que nunca les hubieran sido negados de no haber sido por la tiranía humana.».

Tom Reagan[3], señala que se debe abolir la explotación contra un ser humano o no humano porque es un deber moral. Los derechos de los animales se fundamentan en que cualquier animal humano o no humano es «sujeto de una vida». Basa su teoría en que el animal es sintiente (sufre y goza). Gary Francione, considera que el principal obstáculo para los derechos de los animales es jurídico, los tratamos como objetos del derecho y no como sujetos. Los sistemas legales facilitan la explotación de los no humanos, los animales son tratados como cosas y cosas que son propiedades de personas[4]. Francione aclara que es absurdo pensar que los derechos de los animales sean iguales a los derechos de los humanos, y propone un solo derecho para los animales: el derecho a no ser tratado como propiedad de los seres humanos. Los animales tienen un valor inherente y sus intereses deben ser respetados aunque no sea rentable económicamente para los humanos.

Nussbaum[5] (2007) señala que «los animales son sujetos de justicia en tanto en cuanto son animales individuales que sufren dolor y privaciones». Ella se pregunta si ¿matar un mosquito supone un daño igual que matar un chimpancé? Concluye que la sensibilidad es diferente para diversas especies de animales y algunas especies sensibles pueden sufrir más daño, porque tienen capacidades cognitivas, pues ciertos animales pueden prever su propia muerte. Señala que algunos animales pueden sufrir daño si restringimos su libertad de movimiento, independiente de que los animales sean conscientes de esta limitación.

La teoría de Nussbaum se fundamenta en la dignidad de los seres humanos y en la dignidad de los seres no humanos. Invita a reflexionar que si aceptamos que hay algo de «maravilloso y valioso» en cada criatura que existe en la naturaleza, podemos ver algo digno en cada una de ellas. Si dejamos de pensar que nuestra racionalidad nos hace superiores y, por ello,

---

3 Tom Reagan es un filósofo estadounidense especializado en derecho de los animales. Entre sus libros más conocidos sobre el tema está *«The case for animal rights»* (1983).

4 Gary. L. Francione es profesor de Derecho en la Universidad Rutger de Nueva Jersey. Se ha dedicado al tema de los derechos de los animales, entre otros libros el más conocido es *«Animales, Propiedad y Ley»* (1995).

5 Martha Craven Nussbaum es una filósofa estadounidense. Sus intereses se centran, en particular, en la filosofía antigua, la filosofía política, la filosofía del derecho y la ética. Una de sus obras relevantes es *«Animal Rights: Current Debates and New Directions»* (2004).

podemos abusar del mundo, más que dominarlo, podemos reconocer que cada ser vivo en su diferencia tiene la dignidad de existir en este mundo. Si los seres humanos somos dignos, quiere decir que merecemos un trato conforme nuestra identidad, pero igualmente si somos dignos quiere decir que debemos exigirnos un trato igual de digno con todos los seres que nos rodean, la sola racionalidad no nos hace únicos sujetos de dignidad, el hecho de vivir y tener derecho a vivir de acuerdo a esa identidad es suficiente.

Mejía (2011), tomando en cuenta las ideas de Nussbaum (2007), señala que la dignidad animal se sustenta, por una parte, en el hecho de que los seres no animales tienen un derecho a la vida y a una vida digna conforme a su naturaleza, toda la naturaleza tiene derecho a existir; pero también la dignidad del ser humano tiene un doble significado, ya que, por una parte, merece que se le dé un trato especial y respetuoso y, a la vez, está obligado a comportarse como un ser decente, respetuoso del resto de los seres vivos. En ese sentido, el sustento moral de los derechos de los animales no es solamente la dignidad animal sino la dignidad humana.

IV. EL SISTEMA NORMATIVO MEXICANO Y LOS ANIMALES VIVOS

En el Código Civil Federal los animales son considerados bienes; además, los animales son materia de apropiación y, para tal efecto, se ubican dentro de la clasificación de los bienes mostrencos. Incluso, pueden venderse o enajenarse, es decir, son susceptibles de comercialización. Doctrinalmente también se les ha denominado bienes semovientes.

Para demostrar esta afirmación, basta señalar algunos artículos de dicha legislación, ubicados en el Libro Segundo, denominado «De los bienes».

El artículo 854 establece que los animales sin marca alguna que se encuentren en las propiedades, se presumen que son del dueño de éstas mientras no se pruebe lo contrario, a no ser que el propietario no tenga cría de la raza a que los animales pertenezcan.

En tanto el artículo 855 del Código Civil Federal establece que los animales sin marca que se encuentren en tierras de propiedad particular que exploten en común varios, se presumen del dueño de la cría de la misma especie y de la misma raza en ellas establecidas, mientras no se pruebe lo contrario. Si dos o más fueren dueños de la misma especie o raza, mientras no haya prueba de que los animales pertenecen a alguno de ellos, se reputarán de propiedad común.

Los artículos 856 y 857 señalan que el derecho de caza y el de apropiarse los productos de ésta en terreno público, se sujetará a las leyes y reglamentos respectivos, pero en terrenos de propiedad particular no puede ejercitarse ese derecho, sin permiso del dueño. Los campesinos asalariados y los aparceros gozan del derecho de caza en las fincas donde trabajen, en cuanto se aplique a satisfacer sus necesidades y las de sus familias.

Por su parte, los artículos 859 a 864 del Código Civil Federal hacen referencia a que el cazador se hace dueño del animal que caza, por el acto de apoderarse de él. Se considera capturado el animal que ha sido muerto por el cazador durante el acto venatorio, y también el que está preso en redes; si la pieza herida muriese en terrenos ajenos, el propietario de éstos o quien lo represente, deberá entregarla al cazador o permitir que entre a buscarla. El propietario que no cumpla pagará el valor de la pieza, y el cazador perderá ésta si entra a buscarla sin permiso de aquél. El hecho de entrar los perros de caza en terreno ajeno sin la voluntad del cazador, sólo obliga a éste a la reparación de los daños causados. La acción para pedir la reparación prescribe a los treinta días.

En los artículos 869 a 874 se establece que el derecho de pesca en aguas particulares, pertenece a los dueños de los predios en que aquéllas se encuentren. Es lícito a cualquier persona apropiarse los animales bravíos, así como apropiarse los enjambres que no hayan sido encerrados en colmena, o cuando la han abandonado. Los animales feroces que se escaparen del encierro en que los tengan sus dueños, podrán ser destruidos o capturados por cualquiera. Pero los dueños pueden recuperarlos si indemnizan los daños y perjuicios que hubieren ocasionado. Un aspecto relevante para este análisis consiste en que, según la legislación civil federal, la apropiación de los animales domésticos se rige por las disposiciones contenidas en el Título de los bienes mostrencos.

Otro aspecto a destacar de la legislación civil federal se encuentra en el capítulo relativo a la evicción y saneamiento, en el cual se señala que cuando se enajenen dos o más animales juntamente, el vicio de uno da sólo lugar a la acción redhibitoria, respecto de él y no respecto a los demás, a no ser que aparezca que el adquirente no habría adquirido el sano o sanos sin el vicioso, o que la enajenación fuese de un rebaño y el vicio fuere contagioso (artículo 2150).

También se señala que puede presumirse que el adquirente no tenía voluntad de adquirir uno solo de los animales, cuando se adquiere un tiro, yunta o pareja, aunque se haya señalado un precio separado a cada uno de los animales que los componen (artículo 2151). Y se aclara que cuando el animal muere dentro de los tres días siguientes a su adquisición, es responsable el enajenante, si por juicio de peritos se prueba que la enfermedad existía antes de la enajenación (artículo 2153).

En el caso de la aparcería rural el Código Civil Federal, en el artículo 2763, establece que cuando se vendan los animales, antes de que termine el contrato de aparcería, disfrutarán los contratantes del derecho del tanto.

En todas las legislaciones civiles de las entidades federativas que conforman la República Mexicana se contienen disposiciones similares, es decir, se confirma la idea de que los animales son considerados bienes y materia de apropiación. Incluso, son susceptibles de comercialización.

Esto parece ir en contra del cuidado de la casa común y del respeto a la dignidad de los animales, porque como seres sintientes tienen un valor inherente que motiva a garantizarles una vida digna, por el hecho de ser integrantes del mundo que compartimos. De esta manera, si las normas jurídicas son claras al señalar que los animales son bienes materia de apropiación, ese entendimiento resta cualquier valor que, como seres sintientes, se les debería asignar, porque al contar con la capacidad de experimentar dolor físico y emociones similares a las de los seres humanos, no resulta congruente que sean susceptibles de comercialización.

De seguir considerando a los animales como bienes materia de apropiación y, por consecuencia, objeto de comercialización, se atentaría contra el mandato sobre el cuidado de la casa común que se basa en la idea de que los seres humanos estamos llamados a reconocer que los demás seres vivos tienen un valor propio, para lograr una conservación y protección de la naturaleza y el impulso de actitudes en nuestra forma de convivir y socializar con el mundo, sobre todo, con el resto de los seres vivos.

IV. UN CASO SOBRE LA PROHIBICIÓN ABSOLUTA DE COMERCIALIZAR ANIMALES VIVOS.

En el juicio de amparo indirecto 23/2021, radicado en el Juzgado Séptimo de Distrito en el Estado de México[6], la persona moral quejosa reclamó

6 La versión pública de esa sentencia puede consultarse en: http://sise.cjf.gob.mx/SVP/word1.aspx?arch=116/01160000275604240l8.pdf_1&sec=Lucero_Ram%C3%ADrez_M%C3%A1rquez&svp=1

el artículo 24 del Reglamento Municipal de Protección y Bienestar Animal de Naucalpan de Juárez, México, publicado en el periódico oficial el dieciocho de diciembre de dos mil veinte.

Ese artículo contiene una prohibición absoluta para vender, rifar o comercializar animales vivos, sin importar si dichas actividades se realizan en la vía pública y lugares de uso común, a través de puestos fijos, semifijos, al aire libre, ambulantes, sobre ruedas, tianguis, mercados, plazas o centros comerciales. Dicha norma contiene una excepción, porque permite la venta de los animales para abasto[7] en los locales comerciales permitidos; sin embargo, la quejosa no se ubicó en esa hipótesis, por lo que ese supuesto no fue analizado en la sentencia dictada en el juicio de amparo.

La quejosa demostró que su objeto social es la compra, venta, importación, exportación y distribución de todo tipo de animales vivos, permitidos por la ley. También demostró ser arrendataria de un local ubicado en un centro comercial, utilizado con el giro comercial de venta de mascotas; además, contaba con la licencia de uso de suelo expedida por el ayuntamiento para comercializar mascotas. Es decir, acreditó tener los permisos legales para llevar a cabo la venta de animales vivos en un local comercial, por eso se determinó que la norma reclamada le afecta directamente, porque prohíbe de manera absoluta la venta de animales vivos.

En la sentencia se observó que la intención del ayuntamiento al crear la norma reclamada fue para cumplir el principio que contiene el artículo 18 de la Constitución Política del Estado Libre y Soberano de México, que obliga a garantizar el trato digno, la vida, la protección, el bienestar, el respeto y la integridad de los animales, por la sociedad en general.

Para exponerlo de manera más clara, se reproducen fragmentos de la exposición de motivos que sustentaron la creación de la norma reclamada.

> «...*El cambio legislativo más significativo para el Estado de México en el tema es la reforma constitucional del artículo 18 que dicta:*
>
> *Artículo 18. Esta Constitución reconoce a los animales como seres sintientes y, por lo tanto, deben recibir trato digno. En el Estado de México, toda persona tiene un deber ético y obligación jurídica de respetar la vida y la integridad de los animales; éstos, por su naturaleza son sujetos de consideración moral. Su tutela es de responsabilidad común. Las autoridades del Estado de México garantizarán la protección, el bienestar, así como el trato digno y respetuoso*

---

7 Comúnmente se entiende que los animales para abasto son los que proporcionan carne y productos cárnicos que contribuyen a la alimentación del hombre.

a los animales y fomentarán una cultura de cuidado y tutela responsable. Asimismo, diseñarán estrategias para la atención de animales en abandono.

Dicha reforma fue discutida y aprobada en la 44° Sesión Ordinaria de Cabildo de Naucalpan de Juárez, en la exposición de motivos del acuerdo 332/44°SO/2019, en el que emitimos el voto aprobatorio y que se encuentra en la Gaceta Mensual 14, del 07 de enero de 2020 (págs. 25-31) que menciona lo siguiente:

Siendo los animales seres sintientes, que no solo se les reconoce como sujetos con vida, con capacidad de experimentar dolor físico y emociones similares a las de los seres humanos, sino que el respeto incide en la convivencia social. Y toda persona tiene el deber ético y obligación jurídica de respetar la vida y la integridad de los animales, que por naturaleza son sujetos de consideración moral, precisando que su tutela es de responsabilidad común y que las autoridades del Estado de México, garantizarán la protección, bienestar, así como el trato digno y respetuoso a los animales y fomentarán una cultura de cuidado y tutela responsable.

Es decir, en el Estado de México, y en el municipio de Naucalpan de Juárez, se debe de garantizar el trato digno, la vida, la protección, el bienestar, el respeto y la integridad de los animales, no sólo por parte del gobierno, sino también de la sociedad en general, al tratarse de una responsabilidad común, un deber ético y una obligación jurídica; principalmente ya que son sujetos de consideración moral, es decir, que tienen derechos.

De acuerdo con la Organización Mundial de Sanidad Animal, el bienestar animal es un tema de prioridad nacional e internacional, que comprende temas económicos, legales, culturales y éticos, y que además debe de atenderse en colaboración entre los gobiernos, la sociedad civil, la población, instituciones educativas y de investigación.

El reconocimiento como seres sintientes, implica un reconocimiento como seres vivos capaces de experimentar emociones y que son sujetos de consideración moral, por lo que su tutela es de responsabilidad común.».

Esto permite entender que la finalidad de la norma reclamada es garantizar el trato digno, la vida, la protección, el bienestar, el respeto y la integridad de los animales, por parte de la sociedad en general, así como fomentar una cultura de cuidado y tutela responsable para los animales. Atendiendo a esa finalidad, en el artículo 24 del reglamento reclamado, se plasmó una prohibición absoluta para vender o comercializar animales vivos.

En la sentencia dictada en ese juicio de amparo indirecto se declaró la inconstitucionalidad de la norma reclamada, porque de la interpretación del artículo 115 de la Constitución Política de los Estados Unidos Mexicanos, se advirtió que los ayuntamientos carecen de competencia para legislar sobre comercialización de animales vivos o, más específicamente, sobre la prohibición absoluta para comercializar animales vivos.

Y aunque existe una concurrencia entre la federación y las entidades federativas para legislar sobre la comercialización de animales vivos o sobre la prohibición de comercializar animales vivos, esa facultad no corresponde a los ayuntamientos, porque no se encuentra dentro de las funciones y servicios públicos de su competencia.

Además, se advirtió que las normas estatales tampoco contienen una delegación expresa que otorgue la facultad reglamentaria a los municipios para prohibir de manera absoluta la comercialización de animales; por el contrario, se observó que tanto las normas federales como las estatales permiten dicha comercialización, como se señaló en el tema III de este trabajo, donde se destacó que ambas permiten la comercialización de animales vivos, al considerarlos como cosas, objetos o bienes materia de apropiación y esa es la perspectiva que se tiene desde el derecho.

Lo destacable de esta resolución dictada en el juicio de amparo indirecto, consiste en que la autoridad municipal tuvo la clara y novedosa intención de preservar los derechos de los animales y respetar su dignidad, con motivo de la creación de la norma reglamentaria comentada; sin embargo, atendiendo a lo resuelto en la sentencia, desde el derecho, fue imposible generar una transformación de fondo sobre el tema planteado en ese caso, porque el sistema jurídico nacional y estatal en nuestro país contiene una limitante para lograr ese objetivo que intentó proponerse el legislador municipal, porque los animales son considerados cosas, bienes u objetos materia de apropiación por los seres humanos. Esto último es, precisamente, sobre lo que se busca reflexionar en este trabajo.

V. EL DESAFÍO PARA GENERAR CAMBIOS NORMATIVOS QUE PROTEJAN LA DIGNIDAD ANIMAL

Ante la perspectiva que se ha evidenciado, se busca reflexionar sobre un desafío trascendental: que desde el derecho se genere un cambio con el objetivo de crear normas que protejan la dignidad animal, comenzando por la modificación de los textos legales que los consideran como bienes, cosas u objetos materia de apropiación.

Sin duda, se trata de un gran desafío, porque deben buscarse las herramientas idóneas para generar los cambios normativos. Y esa será la tarea más difícil, porque no puede negarse que, desde los inicios del derecho, los animales vivos son considerados cosas objeto de apropiación por los seres humanos y los efectos que conlleva ese pensamiento implican que no puedan ser susceptibles de derechos y de contar con un reconocimiento a la dignidad animal.

Esta reflexión, entonces, tiene como propósito eliminar las ideas tradicionales que se tienen sobre los animales, abrir los pensamientos, sentimientos y la razón humana, con la firme convicción de buscar que todas las criaturas que habitamos la casa común, estemos destinados a vivir con dignidad. Porque si los animales son seres sintientes, con capacidad de experimentar dolor físico y emociones similares a las de los seres humanos, no habrá duda que debemos, desde el derecho, buscar respetar su dignidad, pues tendremos ese deber ético y moral en aras de salvaguardar el cuidado de la casa común.

Ese cambio en las normas jurídicas debe ser integral, donde se incluya a la federación, los estados y los municipios, porque solo así se podrá conformar un verdadero sistema de protección para la dignidad de los animales y evitará que se declaren inconstitucionales, por vicios formales relacionados con la competencia legislativa, las normas que pretendan conseguir ese objetivo.

La propuesta idónea y más eficaz para generar esos cambios normativos es a través de reformas o modificaciones, desde el poder legislativo, a las normas que establecen que los animales son cosas o bienes materia de apropiación y, por ende, de comercialización.

También podrían iniciarse controversias judiciales, a través de la utilización de los medios de control constitucional, por ejemplo, la promoción de un juicio de amparo en el cual, con motivo de algún acto de aplicación de los citados artículos del Código Civil Federal, se controvierta su inconstitucionalidad por ser contrarios a la dignidad animal y, por consecuencia, conforme a lo que se ha explicado, a la dignidad humana. Aunque esta propuesta podría resultar menos probable porque la aplicación de los artículos mencionados, generalmente, beneficia los intereses económicos de las personas que forman parte de un juicio civil, no se descarta la posibilidad de que en algún caso exista el interés por parte de alguno de los contendientes en alegarlo.

VI. CONCLUSIONES

El cuidado de la casa común vincula a los seres humanos a reconocer que todos los seres vivos tenemos un valor propio, por eso debemos respetar la bondad propia de cada criatura. Para cumplir esa encomienda, los demás seres vivos no pueden ser considerados como meros objetos sometidos a la arbitraria dominación humana. Sería contrario a la dignidad humana hacer sufrir inútilmente a los animales y sacrificar sin necesidad sus vidas.

En la búsqueda de proteger la dignidad animal, deben eliminarse las barreras existentes en el derecho, pues debe reflexionarse sobre la necesidad de que los animales no sean considerados cosas materia de apropiación por los seres humanos. Además, si los seres humanos respetamos la dignidad animal, también estaremos respetando nuestra dignidad humana, porque ésta nos exige ser cuidadosos y decentes con todos los seres vivos.

Una de las formas con las que se busca respetar la dignidad de los animales, desde el derecho, implica un desafío relevante y poco explorado: eliminar las normas jurídicas que los consideran como cosas u objetos materia de apropiación por los seres humanos. Si esta reflexión hace eco en los creadores de la norma, seguramente será un debate filosófico relevante y complejo en el entendimiento, también, de los derechos humanos, porque tendrá un impacto benéfico en la dignidad humana.

Bibliografía

Catecismo de la Iglesia Católica (1992). Recuperado 12 de septiembre de 2023, de https://www.vatican.va/archive/catechism_sp/index_sp.html

Código Civil Federal. Recuperado 12 de septiembre de 2023, de https://www.diputados.gob.mx/LeyesBiblio/pdf/2_110121.pdf

Constitución Política de los Estados Unidos Mexicanos. Recuperado 12 de septiembre de 2023, de https://www.diputados.gob.mx/LeyesBiblio/pdf/CPEUM.pdf

Mejía, L. A. (2011). *Dignidad humana y dignidad animal, sobre los derechos fundamentales de los animales.* Universidad Libre. Recuperado 12 de septiembre de 2023, de https://repository.unilibre.edu.co/bitstream/handle/10901/7498/MejiaPerezLuzAngelica2011.pdf?sequence=1

Mensaje del Santo Padre para la Jornada mundial de oración por el cuidado de la creación (1 de septiembre de 2016) | Francisco. (2016, 1 septiembre). Recuperado 12 de septiembre de 2023, de https://www.vatican.va/content/francesco/es/messages/pont-messages/2016/documents/papa-francesco_20160901_messaggio-giornata-cura-creato.html

Nussbaum, M. C. (2007). *Las fronteras de la justicia.* Paidós.

Reverence for Life-A Message for the Twenty-First Century. (2001, 1 enero). Catholic Bishops of Japan. Recuperado de https://www.cbcj.catholic.jp/2001/01/01/2700/

Reglamento Municipal de Protección y Bienestar Animal de Naucalpan de Juárez, México, publicado el 18 de diciembre de 2020 en el Periódico Oficial «Gaceta Municipal» número 32.

Santo Padre Francisco. (2015, 24 mayo). *Laudato si'.* La Santa Sede. Recuperado 12 de septiembre de 2023, de https://www.vatican.va/content/francesco/es/encyclicals/documents/papa-francesco_20150524_enciclica-laudato-si.html

Clínica de mediación en Derecho: Hacia una justicia sostenible

DRA. NATHALIA VIVIANA LESCANO GALEAS

Resumen: La aplicación de la clínica en mediación como método educativo, es reciente en las universidades, como reciente es la incorporación de formas auto-compositivas para la resolución de conflictos en los diferentes sistemas de justicia estatal. Las bondades que presenta el método en la formación integral de profesionales en Derecho son varias. El presente estudio, reflexiona sobre la contribución del método en la consecución de una justicia sostenible como otra ventaja derivada de la clínica en mediación. Para esto, emplea un diseño cualitativo y cuantitativo, aplica los métodos: dogmático jurídico, analítico y sintético. Incluye información de facultades y escuelas de Derecho de las universidades ecuatorianas sobre la temática. Concluye que la resolución de los conflictos está directamente relacionada al desarrollo sostenible, por tanto, la clínica de mediación en Derecho, puede constituir una buena práctica en busca de una justicia sostenible, desde las universidades.

Palabras claves: Clínica de mediación, método educativo, Derecho y justicia sostenible

I. INTRODUCCIÓN

La idea de adoptar la clínica del campo de la medicina a la formación de profesionales del ámbito del Derecho se atribuye a Jerome Frank en la década de los años 30 del siglo XX. De esta manera, se pretende contar con un método educativo que proporcione al estudiantado, una formación teórico-práctica a través de casos reales, y de forma anticipada al ejercicio de la profesión. A partir de las primeras prácticas desarrolladas en países como los siguientes: Estados Unidos, Gran Bretaña, Canadá y Australia, el crecimiento de este método en las Facultades de Jurisprudencia o Escuelas de Derecho en Iberoamérica, se ha ido expandiendo.

Dentro de los principales factores que permitieron la expansión del método clínico en Derecho, se encuentran: la necesidad del Estado por prestar asistencia a personas de escasos recursos económicos para defender sus derechos e intereses; el direccionamiento dado a las universidades por parte de organismos supranacionales, encaminados a la contribución en el crecimiento social y económico de la comunidad; el desarrollo de estudios jurídicos, la regulación del Derecho ante importantes cambios sociales, tales como la descolonización, el movimiento hippie, los movimientos feministas, las primeras revueltas estudiantiles, la legalización de la homosexualidad en determinados países y los movimientos antirracistas (Calo, 2019) entre otros.

Debido a las temáticas que desarrollan las clínicas jurídicas en Iberoamérica y el mundo estas, poseen un rol fundamental en la promoción de la educación jurídica, la calidad y la prestación de servicios para alcanzar mejores indicadores de acceso a la justicia de la población menos favorecida. La enseñanza clínica, permite el fortalecimiento de procesos pedagógicos en la medida que promueve la inclusión del enfoque de la sostenibilidad, articulación y trabajo colaborativo entre disciplinas y favorece, por lo tanto, la implementación de estrategias innovadoras y de calidad para la formación de ciudadanas y ciudadanos comprometidos con la transformación social desde los pilares de justicia, equidad e inclusión (Londoño, 2015; Pavón, Aguirre y Cáceres, 2016; Castro, Vélez y Madrigal, 2020).

Sin duda, la clínica jurídica, como método educativo en el ámbito del litigio es fundamental para la formación de profesionales y el desarrollo sostenible de las sociedades. No obstante, en el Derecho existe también la posibilidad de resolver los conflictos mediante mecanismos no confrontativos y convencionales, que ofrecen varias bondades a la hora de resolver éstos y procurar la formación integral de las y los profesionales del Derecho; de ahí que, la clínica, también puede ser aplicada en formas autocompositivas como la mediación. Por tanto, el presente estudio, busca reflexionar sobre la contribución de la clínica de mediación en la consecución de una justicia sostenible. Para ello, se emplea un diseño cualitativo y cuantitativo, de alcance descriptivo, con una modalidad bibliográfica-documental a través de la revisión de libros y normativa internacional, y de campo, mediante la técnica de observación indirecta que permitió acceder a sitios web y obtener información de todas las universidades ecuatoriana que ofertan la carrera de Derecho, auspician centros de mediación y utilizan el método de enseñanza y aprendizaje clínica en mediación; se utilizaron los métodos: analítico y sintético, que permitió conocer los principales aspectos sobre la clínica en Derecho, las bondades de la clínica de mediación en Derecho, y finalmente la contribución de la clínica de mediación en el proceso de construcción de una justicia sostenible; dogmático jurídico, que consistió en la revisión de la doctrina especializada sobre el tema de investigación.

II. LA CLÍNICA EN DERECHO

Los principales referentes históricos muestran que la función abogadil es más antigua que la profesión de abogado. En este sentido, la noción de la profesión, se encuentra en la defensa gratuita, ejercida por personas ilustres, como un honroso deber que surgía en contrapartida a ser jefe de la familia; de cuyo privilegio de dirigente, se derivada la responsabilidad y preocupación por los demás (Olaechea, 1978). Al Emperador Romano Justino, se le atribuye la conformación del primer colegio de abogados, con la obligación de registro en él, a quienes fueran a abogar en el Foro, de acuerdo con ciertos requisitos (Rodríguez, 2011).

A partir del siglo XII, la formación profesional de abogados se encuentra a cargo de la universidad. En el siglo XVIII, en el Continente Americano, durante la época de la colonia, los primeros abogados de origen americano tenían como requisitos de la profesión, entre otros, los estudios universitarios y la práctica por cuatro años (Pérez, 2002; Schnitnan y Schnitnan, 2008). Resolución de conflictos. Nuevos diseños, nuevos contextos. Warters, W. La Mediación en la educación superior: El enfoque de la resolución de problemas en las "Anarquías Organizadas".

Para Calo (2019) la universidad encargada de la formación de profesionales en el ámbito jurídico, ha ido evolucionando durante las últimas 5 décadas. En un inicio, el proceso de enseñanza estuvo limitado al estudio de las leyes de libros de texto; posteriormente, (1870-1914) se aplicó el estudio de casos, para la solución por parte del estudiantado; este método se originó en la Universidad de Harvard de la mano del profesor Christopher Columbus Langdell (Calo, 2019).

Así mismo, Calo, (2019) sostiene que, el jurista norteamericano Jerome Frank, en la década de los años 30, en el escrito ¿Por qué no un abogado-clínico?, criticó el modelo de enseñanza, basado en el método de estudio de casos, con el cual, al estudiantado no le era posible observar el lado humano de la administración de justicia, no atendía a hechos o métodos de negociación o resolución de conflictos, únicamente aprendían la decisión final. Frank además, señaló el fracaso de los estudios de Derecho, por tres aspectos:

1. La enseñanza se planteaba desde una perspectiva estática sin ser conscientes de que el Derecho es una materia en continua transformación para adaptarse a las necesidades jurídicas de la sociedad en cada momento;
2. El Derecho se estudiaba como si fuera el final de un proceso en lugar de ser una herramienta para la consecución de un fin;
3. Los casos que se estudiaban en las aulas eran inventados con poca relación con el mundo cotidiano (p. 5).

De este modo, los cuestionamientos realizados por Frank, dieron paso a la clínica jurídica, como método de aprendizaje del Derecho, mediante programas de asistencia legal, en los cuales, el estudiantado trabajaba como voluntario. Así, la clínica jurídica pretende asegurar un entrenamiento del estudiantado de derecho en escenarios reales.

Por lo tanto, la clínica jurídica como método educativo, tiene por objetivo, la aplicación práctica de todos los conocimientos teóricos en casos reales, con la supervisión, dirección y orientación de docentes y profesionales. El estudiantado, tienen bajo su responsabilidad los casos, sobre los que deberá revisar los hechos, la normativa aplicable y la jurisprudencia relacionada para poder darle una solución. No obstante: "Los casos que llegan a los integrantes de las clínicas no son llevados de manera profesional, pues únicamente se intenta dar una primera orientación legal, a partir de la cual, la metodología de trabajo a seguir variará en función del tipo de clínica jurídica que se haya establecido" (Calo, 2019, p. 8).

La clínica jurídica, vendría también a conjugarse con la necesidad estatal de proporcionar el acceso a la justicia de la mayor cantidad de personas posible, pues en un inicio el Estado "no tenía como cometido, ni estaba entre sus deberes, que todas las personas pudieran valerse del derecho y de sus instituciones" hasta que en Inglaterra en 1945, el Parlamento aprueba una ley que garantiza la asistencia jurídica gratuita y la exoneración de costas judiciales a las personas con menos recursos económicos (Argés, 2018). En este punto, cabe recordar que, la función abogadil, en un inicio, surge precisamente para abogar por quienes no podían defenderse por sí mismos, siendo una actividad que se realizaba de forma gratuita.

Así mismo, conforme lo señalado en párrafos anteriores, los precursores de la educación clínica han sido: Estados Unidos, Gran Bretaña, Canadá y Australia, (Calo, 2019) pues, en estos países se sentaron las bases del movimiento clínico que favorecieron su expansión por todo el mundo. Posteriormente y dando un gran salto de tiempo, se puede mencionar que, en la Conferencia Mundial sobre la Educación Superior celebrada por la UNESCO el 9 de octubre de 1998 denominada "La educación superior en el siglo XXI: Visión y acción", se direcciona hacia una educación que aspirara la calidad académica, pero también que las universidades se comprometieran a usar el conocimiento creado y a difundirlo, para lo cual, la universidad necesariamente debe convertirse en un agente activo en el desarrollo social y económico.

De este modo, se puede señalar que, la clínica jurídica a principios de siglo XX fue expandiéndose en las universidades, principalmente: debido a la importancia de la enseñanza de la abogacía; la necesidad del Estado de prestar ayuda a personas con escasos recursos para defender sus derechos e intereses; y, el direccionamiento a la difusión del conocimiento por parte de las universidades enfocada en contribuir en el crecimiento social y económico de la comunidad, por parte de organismos supranacionales. En este sentido, "los proyectos iniciales contemplaron la creación de un tipo de consultorios jurídicos, totalmente gratuitos, donde los estudiantes de Derecho conocían la realidad de la práctica de la profesión, junto con la dura realidad social que se estaba viviendo en ese momento" (Calo, 2019, p. 5).

Sumado a lo mencionado en líneas anteriores, a decir de Londoño (2015) las clínicas jurídicas, también encontrarían un contexto apropiado de la mano del desarrollo de estudios jurídicos, la regulación del Derecho y como acota Calo (2019) también a cambios sociales importantes como la descolonización, el movimiento hippie, los movimientos feministas, las primeras revueltas estudiantiles, la legalización de la homosexualidad en determinados países, los movimientos antirracistas, entre otros.

No cabe duda que las clínicas jurídicas, hoy por hoy, tienen además, un papel importante en la consecución de los Objetivos de Desarrollo Sostenible (ODS). Permiten la vinculación del valor de la justicia social (distribución, reconocimiento y participación) a distintas áreas de la sostenibilidad. De forma directa, las clínicas jurídicas responden a los ODS 4 y 16, en cuanto a la promoción de una educación jurídica de calidad con oportunidades de aprendizaje para todos y mediante la prestación del servicio de asistencia jurídica de la población menos favorecida; y de forma relacionada con el resto de objetivos como referentes de buenas prácticas para la incorporación de ODS sobre igualdad de género, reducción de las desigualdades, ciudades y comunidades sostenibles, producción y consumo responsable, trabajo decente, acción por el clima, vida de ecosistemas terrestres y demás (Castro, 2020).

En Latinoamérica, en la década de los años 90, se conforma la red latinoamericana de clínicas jurídicas. En esta red, actualmente participan los países: Chile, Argentina, Perú, Colombia, México, Ecuador, Colombia, Bolivia y las iniciativas de países aliados como es el caso de Estados Unidos y España. El objetivo principal de la red es fortalecer la enseñanza clínica para intervenir en la defensa del interés público y los derechos humanos, mediante el litigio estratégico (Universidad de Palermo, 2022).

Incluso el método clínico, ha extendido sus premisas más allá de los centros de prácticas pre-profesionales, denominados consultorios jurídicos gratuitos, mediante la transversalización del método en cursos regulares del pensum de estudios en Derecho. Esta práctica es una apuesta por la incorporación de saberes prácticos en asignaturas con tinte teórico, como en el caso de una materia sobre los derechos humanos para su interacción en diferentes escenarios, posibilitando el aprendizaje como un ejercicio de vida, el fortalecimiento de las relaciones con las otras personas, la comunicación y el trabajo colectivo (Prada, 2021). De este modo, se prioriza la formación por competencias mediante la aplicación de metodologías activas que pasan de la idea a proyectos ejecutados, pensados en resolver problemas que parten del interés del estudiante y ligado a la asignatura

Para concluir este primer apartado, se debe recalcar que, las clínicas jurídicas centradas en el litigio estratégico en función de temáticas de interés público y derechos humanos, constituyen una valiosa experiencia por sus importantes aportes a la enseñanza del Derecho y el acceso a la justicia de los menos afortunados mediante los consultorios jurídicos gratuitos. No obstante, el método de enseñanza-aprendizaje clínico, aplicado a la resolución de conflictos de forma convencional y auto compositiva a través de la mediación, puede constituir un aporte sin precedentes en la consecución de sociedades sostenibles, tal como se expondrá a continuación.

III. LA CLÍNICA DE MEDIACIÓN EN DERECHO

El modo clásico del ejercicio de la abogacía se centra en el pleito o litigio mediante expedientes judiciales. De este modo, la enseñanza del derecho en las universidades ha favorecido a un sistema eminentemente adversarial (Highton y Álvarez, 2004). Empero, las últimas décadas dan cuenta de un proceso de transformación del sistema de justicia, debido principalmente a dos factores: 1) la promoción de organismos internacionales para la incorporación de formas de resolver conflictos que permitan contrarrestar la congestión de los juzgados a consecuencia del litigio excesivo (Zuckerman 1999; Corti y Rosas 2016); y 2), el surgimiento de un movimiento social a finales del siglo XX, enfocado en un nuevo paradigma para la resolución de los conflictos hacia la paz social y comunal, como anhelo del ser humano (Gottheil y Schiffrin, 1996).

Así, las legislaciones de varios países de América Latina, en los últimos 30 años dieron paso a reformas legales encaminadas a la incorporación de lo que se denominaron como mecanismos alternativos, y dentro de estos, tanto formas hetero-compositivas con el arbitraje y auto-compositivas, como el caso de la mediación. De este modo, la implementación de cátedras encaminadas a la enseñanza de la mediación en las mallas de las facultades y escuelas de Derecho, es reciente, en una "cultura del litigio internalizada como el remedio natural para solucionar los conflictos" (Caivano, 1995) las bondades del método clínico aplicado a la resolución de conflictos mediante la mediación, también es muy reciente.

La implementación de la mediación en los sistemas jurídicos, representa para las y los profesionales, un cambio de paradigma. Para Highton y Álvarez (2004) ahora deben ser algo más que argumentadores o defensores de una parte, para mirarse como solucionadores de problemas, pues la argumentación constituye solo una forma de aproximarse al problema. Es así que, aparecen nuevas y diferentes formas de ejercer la profesión; más allá del patrocinio legal en juicio surge la asesoría en arbitraje o mediación, la posibilidad de actuar como árbitros, secretarios arbitrales y/o mediadores o negociadores.

Ante la nueva demanda de profesionales capacitados en las distintas formas extrajudiciales de solución de conflictos, se presenta la inquietud de cómo institucionalizar estos servicios en los estudios jurídicos tradicionales. Surgen así, dos sistemas: 1) la creación de un departamento especializado en métodos alternativos con algunos profesionales entrenados y capacitados específicamente para tomar a su cargo la tarea de asesoramiento en el área; y, 2) la capacitación de todos los integrantes del estudio en métodos alternativos, proveyéndolos de recursos para sugerir a sus clientes, alguna de las nuevas formas (Highton y Álvarez 2004).

En el ámbito universitario, (Warters, 2008) señala que, en los EEUU hasta inicios del siglo XX, se registró gran actividad relacionada con la mediación; sin embargo, no ocurrió lo mismo en universidades latinoamericanas. El autor no se equivocó cuando sostuvo que, mientras en la universidad estadounidense la mediación fue empleada: a) para la resolución de conflictos principalmente entre estudiantes; y, b) mediante las clínicas jurídicas integradas por estudiantes de derecho en formación, constituyendo un modelo cada vez más difundido en las facultades de derecho; en la universidad latinoamericana, debido a su inclinación por programas que llevan a la obtención de un título profesional, para que tenga éxito, muy probablemente deberán destacar, el valor de la enseñanza de las habilidades de mediación, pensado en la empleabilidad de los futuros profesionales, en lugar de destacar su valor como herramienta para la resolución de conflictos personales, siendo factible la creación de clínicas de mediación.

Si bien, en el campo de la enseñanza de la mediación, pueden aplicarse al igual que en el resto de ámbitos del derecho, la simulación del procedimiento a seguir con casos que pueden ser o no reales, el valor de la clínica, proporciona efectivamente la experiencia completa, desde la primera entrevista con las y los usuarios hasta que finalmente se suscriben los acuerdos. De este modo, obtiene una doble óptica para la resolución de los conflictos, permitiéndole diferenciar, los aspectos necesarios para determinar y asesorar, la vía más adecuada para la resolución de las controversias.

IV. CLÍNICA DE MEDIACIÓN Y JUSTICIA SOSTENIBLE

Tal como se mencionó en líneas anteriores, la mediación representa una forma diferente de atender los conflictos. El proceso judicial, responde a la pregunta de quién tiene la razón, encaminada a la construcción de una verdad formal única como resultado de la confrontación de pruebas que recrean el pasado. La mediación, por otra parte, cambia esa concepción, por cuanto es un procedimiento que se basa en la palabra y no en los hechos e intenta construir una verdad compartida y no una verdad única. Entonces, la mediación genera un espacio de diálogo, en el que las partes asistidas por una persona que facilita el desarrollo del procedimiento tratan de encontrar acuerdos que les permitan poner fin al conflicto.

Desde la praxis docente, se puede acotar que, las clínicas en la enseñanza de la mediación en el estudiantado en derecho presentan varias bondades, entre las cuales están las siguientes: 1. fortalecen el uso de las herramientas de comunicación para la resolución de conflictos personales y profesionales; 2) contribuyen a la generación de percepción de confianza hacia la resolución auto-compositiva de los conflictos; 3) permite experimentar la resolución de conflictos de forma auto-compositiva de manera complementaria a la formación litigiosa o contenciosa; y, 4) permiten apreciar la diversificación del ejercicio de la profesión. A estas ventajas mediante el presente trabajo se pretende agregar otra: la contribución al desarrollo sostenible mediante su aporte a la consolidación de una cultura de paz.

Para hablar de sostenibilidad en el acceso a la justica, se mencionando que, toda actividad humana genera un impacto en el ambiente. De ahí que, la sostenibilidad en el año 1987 surge como categoría de análisis (Pérez, Acosta y Tibisay, 2020) en respuesta al modelo de desarrollo dominante traducido en un "lento crecimiento económico mundial, las desigualdades sociales y la degradación ambiental" (CEPAL, 2018). Por su parte, el diccionario de la Real Académica de la Lengua, atribuye la procedencia del término a los campos de la ecología y economía, con la implicación de que algo perdura durante un largo tiempo, sin agotar los recursos o causar grave daño al medio ambiente. Sin embargo, la sostenibilidad no está restringida a la economía o ecología, y se requiere integrar los principios, valores y prácticas de un desarrollo sostenible en todos los aspectos de la educación y el aprendizaje (UNESCO, 2005-2014).

Así mismo, en el ámbito educativo, la sostenibilidad no es un tema restringido a los estudios primarios o de bachillerato; por el contrario, la universidad desempeña un papel primordial en la solución de problemas vinculados al desarrollo sostenible, así lo viene señalando de forma clara la UNESCO, desde la década de los años 90. A partir de la setentava Asamblea General de la ONU en el año 2015, la sostenibilidad adquiere un rol sin precedente en la Agenda para el Desarrollo Sostenible 2030, de la cual se desprenden 17 Objetivos de Desarrollo Sostenible (ODS 2030) que apuntan hacia diferentes ámbitos de la sociedad, siendo el ámbito de la justicia uno de ellos.

La sostenibilidad comprende tres aspectos claves: social, económico y ambiental (Pérez, Acosta y Tibisay, 2020). Por su parte, la mediación, puede contribuir a los tres ámbitos, constituyendo una buena práctica de sostenibilidad:

a) Desde el punto de vista social. La mediación constituye un enfoque holístico (Folger y Tylor, 1992) cuyas cualidades, que pueden verse reflejadas en la consecución de los 16 Objetivos de Desarrollo Sostenible, tales como la prevención y la resolución de los conflictos a través de la comunicación no violenta y el diálogo, la búsqueda de intereses comunes, la colaboración, que promueven una gestión positiva de los conflictos, desempeña una labor educadora hacia la democracia y gobernabilidad, tanto a nivel de grupos, organizaciones y el Estado en general;

b) Desde el punto de vista económico. La mediación es mucho más eficiente para el Estado como administrador de justicia, las personas en conflicto, las universidades y la sociedad en general pues, para la resolución del conflicto, se requiere menor infraestructura y gasto en personal, menos bienes muebles e inmuebles, y suministros de oficina que, en un proceso judicial, para el cual, se requiere un/a juez/a, secretario/a, asistentes por cada unidad judicial y por competencia en cada circunscripción territorial que se establezca. En el caso de la mediación, el/la facilitador/a, puede conocer todos los conflictos que las partes consideren, conforme a lo que la normativa vigente establezca, pero sin restricción de territorio; en este cometido, el/la mediador/a, cuenta con la colaboración de la secretaría del centro de mediación;

Otro aspecto a considerar en este punto, es el tiempo que se invierte en la resolución del conflicto, pues mientras en el ámbito judicial, se deben desarrollar varias etapas, las cuales, inevitablemente requieren para su desarrollo diferentes momentos de tiempo, en mediación las partes pueden resolver el conflicto en una sola sesión o más, dependiendo de la complejidad; aún así, no existe punto de comparación en el talento humano y recursos económicos que se emplean para la resolución vía mediación y proceso judicial. Menos tiempo, dinero y recursos, consecuentemente también disminuiría la congestión en los juzgados. En el año 2018, el valor que representó para el Estado la resolución de un conflicto transigible mediante un proceso judicial fue de $470; mientras que, el mismo conflicto resuelto en mediación tuvo un costo de $145, por lo que se estima que el Ecuador ahorro 9´254.375 dólares (Consejo Nacional de la Judicatura, Rendición de Cuentas, 2018). Esto muestra que, la mediación es mucho más rentable para el conjunto de la sociedad, pues el Estado tendría menores gastos que con el proceso judicial.

En la universidad, la mediación ofrece la posibilidad de contar con un gran laboratorio para la práctica de la gestión adecuada de un sinnúmero de conflictos, con menos infraestructura, profesionales y personal de apoyo;

c) La mediación desde el punto de vista ambiental. Sumado a todo lo anterior, también se puede mencionar la experiencia adquirida con la pandemia por la COVID-2019, en la que, la mediación virtual o mixta constituyo la forma de resolución de los conflictos, permitiendo incluso incidir en menor consumo de energía y, por tanto, en la huella de carbón. El personal de centros de mediación y las partes, ya no tenían la necesidad de movilizarse, lo que permitió la resolución de sus conflictos, desde los espacios en los que se encontraban.

Dadas las bondades de la mediación como una forma de resolución de conflictos, el aporte de la clínica en mediación, permite al estudiantado desprenderse del "mapa filosófico de los abogados que incluye las suposiciones de que los contendientes son adversarios, y que las desavenencias se resuelven mediante la aplicación adecuada de reglas legales" (Folberg y Taylor 1992) y de este modo, asegurar una formación integral encaminada a la transformación personal, profesional y social. Por tanto, el ejercicio de la profesión se fortalece con una doble óptica en el asesoramiento y patrocinio, distinguiendo aquellos conflictos susceptibles de una resolución amistosa, de aquellos en los que necesariamente se requiere una sentencia judicial. De este modo, cuando el estudiante se titula, puede influir en su entorno más cercano y de trabajo, para la resolución de conflictos de forma verde.

Precisamente, en el Ecuador de un total de 40 universidades acreditadas, 33 universidades que ofertan la formación de profesionales en Derecho se desprenden dos grupos: 1.-instituciones que dentro de la malla curricular cuentan con una asignatura en mediación; y, 2.-instituciones que cuentan con una malla curricular con una asignatura en mediación, tienen un centro de mediación y aplican el método de clínica en mediación, dentro de la oferta de formación.

A continuación, las instituciones pertenecientes al primer grupo:

Cuadro 1. Universidades con carrera de Derecho y asignatura de mediación

Universidad	Asignatura
1. Universidad Tecnológica ECOTEC.	Métodos alternos de Solución de Conflictos
2. Universidad Central del Ecuador	Mediación y Arbitraje
3. Universidad de Las Américas	Clínica General de Procesos no Penales y MASC
4. Universidad Estatal de Bolívar	No asignatura
5. Universidad de Guayaquil	No asignatura
6. Universidad de los Hemisferios	Arbitraje
7. Universidad Laica Eloy Alfaro de Manabí	Medios Alternativos de Solución de Conflictos
8. Universidad Laica Vicente Rocafuerte de Guayaquil	Conciliación, Mediación, Negociación
9. Universidad Estatal de Milagro.	Métodos Alternos de Solución de Conflictos
10. Universidad Nacional de Loja.	Medios Alternos de Solución de Conflictos
11. Universidad Regional Autónoma de los Andes	Medios Alternos de Solución de Conflictos
12. Universidad Iberoamericana del Ecuador	Práctica de Medios Alternativos de Solución de Conflictos
13. Universidad Politécnica Salesiana	Mediación y Arbitraje
14. Universidad Estatal Península de Santa Elena	Solucion Alternativa de Conflictos
15. Universidad Particular San Gregorio de Portoviejo	Medios Alternativos de Solución de Conflictos
16. Universidad Técnica de Ambato	Mediación y Arbitraje

Universidad	Asignatura
17. Universidad UTE	Taller de Métodos Alternativos de Solución de Conflictos
18. Universidad Tecnológica Empresarial de Guayaquil	Métodos Alternativos de Solución de Conflictos
19. Universidad Técnica Particular de Loja.	Métodos alternativos de resolución de Conflictos

Fuente: Elaboración propia: a partir de la información de Consejo de Aseguramiento de la Calidad de la Educación Superior del Ecuador (CACES) 2022

Del primer listado de universidades que se muestra, se infiere que, de un total de 19 instituciones, 2 no cuentan con una asignatura sobre mediación dentro de su malla curricular. De ahí que, en el Estado ecuatoriano, la educación superior considera necesaria la formación en mediación que promueva el diálogo y los acuerdos dentro de la formación de las/los futuros profesionales en Derecho.

A continuación, las instituciones del segundo grupo:

Cuadro N 2. Universidades con asignatura, centro de mediación y clínica en mediación

Universidad	Detalle
1. Centro de Métodos Alternativos para la Resolución de Conflictos de la Pontificia Universidad Católica del Ecuador, Dra. María del Rocío Bermeo Sevilla, CEMASC-PUCE	Métodos Alternativos de Resolución de Conflictos-Prácticas pre profesionales
2. Centro de Mediación Josefina Espinosa Astorga-Universidad Católica de Cuenca	Métodos Alternativos de Resolución de Conflictos-Prácticas pre profesionales
3. Centro de Mediación de Conflictos de la Universidad Católica Santiago de Guayaquil	Horas prácticas, VIII ciclo, 160 HORAS (comunitarias: Vinculada a la materia Métodos Alternativos de Solución de Conflictos
4. Centro de Resolución de Conflictos de la Pontificia Universidad Católica del Ecuador-Sede Ibarra	Métodos Alternativos de Solución de Conflictos-Prácticas pre profesionales
5. Centro de Arbitraje y Mediación Universidad Especialidades Espíritu Santo-UEES	Métodos Alternativos y Arbitraje Comercial
6. Centro Gratuito de Mediación de la Universidad del Azuay	Medios Alternativos de Solución de Conflictos
7. Centro de Mediación de la Universidad San Francisco de Quito	Clase Clínicas Jurídicas-pasantías
8. Centro de Mediación de la Universidad Católica de Cuenca-Sede Azogues	Medios Alternativos de Solución de Conflictos-Prácticas pre profesionales

Universidad	Detalle
9. Centro de Mediación de la Universidad Católica de Cuenca-Sede Cañar	Medios Alternativos de Solución de Conflictos-Prácticas pre profesionales
10. Centro de Mediación de la Universidad Católica de Cuenca-Sede San Pablo La Troncal	Medios Alternativos de Solución de Conflictos-Prácticas pre profesionales
11. Centro de Mediación de la Universidad Metropolitana UMET-Quito	Medios Alternativos de Solución de Conflictos
12. Centro de Arbitraje y Mediación de la Universidad Internacional SEK (CAMUISEK)	Métodos Alternativos de Solución de Conflictos-Experiencia pre-profesional
13. Centro de Mediación de la Universidad de Otavalo	Métodos Alternativos de Solución de Conflictos
14. Centro de Mediación de la Universidad Indoamérica	Mediación, Arbitraje y Ley Notarial

Fuente: Elaboración propia a partír de los datos del Consejo Nacinal de la Judicatura 2022

Del segundo listado de 14 universidades que al año 2022 cuentan con centros de mediación, se desprende que 7 emplean el método de la clínica a través de la modalidad de prácticas pre profesionales; 1 cuenta con la asignatura Clínica Jurídica en mediación y pasantías; 1 cuenta con la asignatura Métodos Alternativos de Solución de Conflictos, correspondiente a 160 horas de servicio comunitario; y, 5 cuentan con una asignatura referente a la mediación con diferentes denominaciones pero, sin que se haya podido establecer si poseen clínica jurídica como métodos de enseñanza y aprendizaje. Lo mencionado en líneas anteriores, sin duda, constituye un gran avance en la metodología de enseñanza del Derecho en las universidades ecuatorianas. Estas universidades, además pueden acreditar nuevos mediadores, de tal manera que, estudiantes y profesionales pueden consolidar su formación en mediación y facilitar la resolución de los conflictos, agregando otra actividad al ejercicio de la profesión.

V. CONCLUSIONES

La clínica jurídica da cuenta de un proceso de evolución en la enseñanza del Derecho en la universidad. Este método de aprendizaje, permite al estudiantado nutrirse de la experiencia de casos reales, debido a que, puede seguir de cerca el desarrollo de un caso, desde que son presentados para asesoría, continuando con el patrocinio y finalizando con su resolución, en diferentes grados de participación y con la supervisión, dirección y orientación de docentes profesionales en el área.

La clínica jurídica hoy en día se conjuga con la obligación estatal de favorecer el acceso a la justicia de la mayor cantidad posible de personas y el compromiso de las instituciones universitarias con la formación teórico-práctica, desarrollo social y económico. Para esto, surgen como prácticas: la transversalización del método en los cursos regulares del pensum de estudios del Derecho; se crean consultorios jurídicos gratuitos, en los cuales, el estudiantado tiene la posibilidad de interactuar con casos reales, antes de obtener su título universitario.

La clínica jurídica basada en el litigio estratégico, en temáticas de interés público y derechos humanos, aporta de manera directa en la consecución de los ODS 4 y 16 en cuanto a la promoción de una educación jurídica de calidad con oportunidades de aprendizaje para todos y mediante la prestación del servicio de asistencia jurídica de la población menos favorecida; y de forma relacionada con el resto de objetivos como referentes de buenas prácticas para la incorporación de ODS sobre igualdad de género, reducción de las desigualdades, ciudades y comunidades sostenibles, producción y consumo responsable, trabajo decente, acción por el clima, vida de ecosistemas terrestres y demás.

La clínica de mediación en Derecho, se desprende de la incorporación de métodos de resolución de conflictos no litigiosos o contenciosos en los diferentes sistemas de justicia, con lo cual, se crea la necesidad en las universidades de asegurar una formación teórico-práctica también de estos métodos en los futuros profesionales. En países latinoamericanos como es el caso de Ecuador, la clínica está pensada en la formación integral que contemple una doble óptica para la resolución de los conflictos, diversificando la profesión, más que como una técnica de resolución de conflictos en el espacio educativo.

La resolución de conflictos está muy relacionada a las iniciativas de sostenibilidad. En este sentido, la eficiencia de la mediación en la resolución de conflictos mediante el diálogo, resulta ser la opción más verde. De ahí que, la incorporación de asignaturas de mediación dentro de la malla curricular, el auspicio de un centro de mediación y, clínica de mediación: modalidad prácticas pre profesionales y servicio comunitario, constituye una buena práctica desde las universidades ecuatorianas encaminada a contribuir en la construcción de una justicia sostenible. Más aún que, la creación de centros de mediación es totalmente voluntario.

Referencias

Argés, J. (2018). El acceso a la justicia concebido como derecho humano imperativo (ius cogens). Derecho Global. Estudios Sobre Derecho y Justicia. No. 8 pp. 73-92. Disponible en: https://n9.cl/rxrit

Caivano, R. «Un desafío (y una necesidad) para los abogados: los medios alternativos de resolución de disputas», *THEMIS: Revista de Derecho*, n.o 31 (1995), 209-17.

Calo G. Margarita (2019). Las clínicas jurídicas como método de aprendizaje y como servicio social. Universidad de Cádiz. Disponible en: https://n9.cl/3tqvs

Corti, G y Rosas, M. (2016) El abogado frente a los métodos de resolución alternativa de disputas: Una perspectiva. Disponible en: https://n9.cl/s8y6c

Comisión Económica para América Latina y el Caribe (2018) La agenda 2030 y los objetivos de desarrollo sostenible. Disponible en: https://n9.cl/yah6

Consejo de Aseguramiento de la Calidad de la Educación Superior del Ecuador. Disponible en: https://n9.cl/yzo3mj

Castro, E. Vélez, J. y Madrigal, M. (2020) El rol de las clínicas jurídicas en la promoción de los ODS en Colombia. Revista *Opinión Jurídica, 20*(42), Julio-diciembre de 2021. Disponible en: https://doi.org/10.22395/ojum.v20n42a2

Folger, J. y Taylor, A. (1992). Mediación. Resolución de conflictos sin litigio. Limusa-México

Gottheil, J. y Schiffrin, A. (1996). Mediación: una transformación en la cultura. Editorial Paidos SAICF, Buenos Aires.

Highton, E. y Álvarez, G. (2004). Mediación para resolver conflictos. AD-HOC S.R.L. Buenos Aires Argentina

Universidad Indoamérica. Disponible en: https://n9.cl/8hfol

Jullien de Asís, J. (2016). "Acceso a la Justicia y gestión óptima de conflictos", Universidad Carlos III de Madrid. Instituto de Derechos Humanos "Bartolomé de las Casas" Disponible en: https://n9.cl/6sj0a

Londoño, B. (2015) Educación legal clínica y litigio estratégico en Iberoamérica Editorial Universidad del Rosario. Disponible en: https://doi.org/10.7476/9789587386240

Olaechea, M. (1978) El Abogado. Universidad de Palermo, Red Latinoamericana de Clínicas Jurídicas. Disponible en: https://n9.cl/lrnq2Pérez, M. Acosta, I. y Tibisay, M. (2020). Categorías de análisis sobre la sostenibilidad una propuesta teorética y contextualizada para el sector empresarial. Revista científica económica CUC, p-116-136. Disponible en: https://n9.cl/pz1i4

Pavón, A. Aguirre, y Cáceres, P. (2016) La clínica jurídica como estrategia para fortalecer las competencias ciudadanas: Una apuesta por la convivencia pacífica Revista Ratio Juris Vol. 11 N.° 23 (julio-diciembre 2016) pp. 27-46. Disponible en: 10.24142/raju.v11n23a1

Pérez, R. (1998) Los abogados de América Latina una introducción histórica, UNESCO. Disponible en: https://n9.cl/4bnpd

Pontificia Universidad Católica del Ecuador-Sede Ibarra. Disponible en: https://n9.cl/rpwzr

Pontificia Universidad Católica del Ecuador Quito. Disponible en: https://n9.cl/gljgt

Prada U. Julián. (2021) La transversalización de la clínica jurídica como estrategia de formación en el Programa de Derecho de la Universidad Autónoma de Bucaramanga (Unab). Revista Prolegómenos, pp.23-39. Disponible en: https://doi.org/10.18359/prole.5368

Rodríguez, N. (2001). Los Abogados en el siglo XXI. Tesis de Doctorado en ciencias Sociales y Ciencias de la Salud, Universidad de Barcelona. Disponible en: https://n9.cl/onvi4

Universidad Católica de Cuenca. Disponible en: https://n9.cl/gljgt

Universidad Católica de Cuenca-Sede Cañar. Disponible en: https://n9.cl/s6nk

Universidad Católica de Cuenca-Sede Azogues. Disponible en: https://n9.cl/kcgvi

Universidad Católica de Cuenca-Sede San Pablo La Troncal. Disponible en: https://n9.cl/s6nk

Universidad Católica Santiago de Guayaquil. Disponible en: https://n9.cl/kxiky

Universidad Central del Ecuador. Disponible en: https://www.uce.edu.ec/web/fjcps

Universidad del Azuay. Disponible en: https://n9.cl/pxi3t

Universidad de Las Américas. Disponible en: https://n9.cl/jofqs

Universidad de Otavalo. Disponible en: https://n9.cl/8qhzf

Universidad Especialidades Espíritu Santo-UEES. Disponible en: https://n9.cl/ezpd6

Universidad Estatal de Bolívar. Disponible en: https://n9.cl/kuvp6

Universidad Estatal de Milagro. Disponible en: https://n9.cl/yudkq

Universidad Particular San Gregorio de Portoviejo. Disponible en: https://n9.cl/7j9jy

Universidad Estatal Península de Santa Elena. Disponible en: https://n9.cl/chf7q

Universidad de Guayaquil. Disponible en: https://n9.cl/5q5bu

Universidad de los Hemisferios. Disponible en: https://n9.cl/22t3j

Universidad Iberoamericana del Ecuador. Disponible en: https://n9.cl/fke4u

Universidad Internacional SEK (CAMUISEK). Disponible en: https://n9.cl/bj4pa

Universidad Laica Eloy Alfaro de Manabí. Disponible en: https://https://n9.cl/023am

Universidad Laica Vicente Rocafuerte de Guayaquil. Disponible en: https://n9.cl/opxgv

Universidad Nacional de Loja. Disponible en: https://n9.cl/ovdh8p

Universidad Metropolitana UMET-Quito. Disponible en: https://umet.edu.ec/derecho/

Universidad Nacional de Loja. Disponible en: https://n9.cl/ovdh8p

Universidad Regional Autónoma de los Andes. Disponible en: https://n9.cl/ldgte

Universidad San Francisco de Quito. Disponible en: https://n9.cl/aaa043

Universidad Técnica de Ambato. Disponible en: https://n9.cl/887do

Universidad Técnica Particular de Loja. Disponible en: https://n9.cl/yzo3mj

Universidad Tecnológica ECOTEC. Disponible en: https://n9.cl/lup5l

Universidad Tecnológica Empresarial de Guayaquil. Disponible en: https://n9.cl/0xy8v

Universidad Tecnológica Equinoccial. Disponible en: https://n9.cl/5xnf8v

Schnitnan, D. y Schnitnan, J. (2008). Resolución de conflictos. Nuevos diseños, nuevos contextos. Warters, W. La Mediación en la educación superior: El enfoque de la resolución de problemas en las “Anarquías Organizadas”.

Zuckerman, A. (1999). *Civil Justice in Crisis: Comparative Perspectives of Civil Procedure, Civil Justice in Crisis.* Oxford University Press. Disponible en: https://n9.cl/emb7g

La práctica jurídica: el elemento olvidado de la enseñanza del derecho

JESÚS ENRIQUE FUENTES DE LA TORRE

RESUMEN: La educación jurídica es, sin duda, un tema que sigue siendo medular para la consecución del estado de derecho y de la satisfacción del derecho de acceso a la justicia de los ciudadanos, pues de lo que se enseñe en las facultades y escuelas de derecho depende, en gran medida, que la función pacificadora del derecho se logre. Una de las grandes críticas que se efectúan a las escuelas y facultades de derecho es la falta de una adecuada de preparación de los futuros juristas para el ámbito laboral. Se parte de una concepción formalista de la educación jurídica, en la que el derecho se aprende en abstracto, dejando de lado los hechos y problemas prácticos a los que la abogacía se enfrenta en la práctica. Resulta importante abordar esta problemática, pues si no se están formando en las escuelas y facultades de derecho de nuestro país juristas con las aptitudes suficientes para el desempeño de sus futuras labores profesionales, ¿cómo puede esperarse que los derechos de toda persona a una adecuada defensa, o de acceso a la justicia se vean satisfechos, ante operadores jurídicos sin la preparación adecuada? En este sentido, se pretende con este trabajo determinar el estado actual de la formación jurídica y las problemáticas que genera, proponiendo como posible solución la introducción de la enseñanza clínica del derecho.

Palabras clave: Educación, Estado de Derecho, Formación Clínica, Universidad, Pedagogía, Derechos Humanos, Acceso a la Justicia, Didáctica.

I. INTRODUCCIÓN

El derecho es una de las profesiones que más demanda tienen el ámbito educativo. Es por este motivo, que en la actualidad existen múltiples instituciones que ofertan este programa, sin embargo, la calidad y la formación que reciben los estudiantes de derecho no corresponde con las necesidades que requiere la demanda laboral.

Las críticas que se hacen a la actual educación jurídica por su concepción meramente abstracta del derecho sin recurrir a los hechos prácticos y la falta de formación para el desarrollo de habilidades de razonamiento jurídico impactan en los egresados que se ven imposibilitados de ofrecer a sus empleadores los requerimientos que les exigen.

Es por esta causa, que este trabajo pretende realizar un análisis del estado actual de la educación jurídica, con el fin de demostrar que ésta es meramente abstracta y alejada de la práctica, por lo que se plantea como posible solución una reforma a los actuales planes de estudio que permita el fortalecimiento de la formación jurídica, mediante la introducción de la materia de clínica jurídica, de modo que, se pueda lograr que los egresados sean capaces de enfrentarse a los desafíos que les propone la realidad.

II. MARCO LEGAL DE LA EDUCACIÓN JURÍDICA

En este primer apartado se abordará el marco legal que regula el ejercicio de la educación y profesión jurídica, puesto que este condiciona la calidad y contenidos que se transmiten en las escuelas de Derecho.

Es importante conocer la diferencia entre oficio y profesión, ya que depende de la misma que exista obligación o no de cursar estudios universitarios. Para la Real Academia de la Lengua Española (S.F.) no existe diferencia, pues define profesión como "Empleo, facultad u oficio que alguien ejerce y por el que percibe una retribución". Sin embargo, la profesión se distingue del oficio, puesto que para poder ejercer se requiere formación universitaria, mientras que para un oficio no. Lo anterior, debido a que el artículo 5 constitucional señala que la ley respectiva determinará las profesiones que deberán contar con título profesional para su ejercicio, y como se desarrollará con posterioridad, éste acredita contar con formación universitaria.

Este artículo de la Constitución Federal consagra la libertad de trabajo, esto es, el derecho que toda persona tiene a dedicarse a la profesión u oficio que esta considere pertinente. Sin embargo, los derechos humanos no son absolutos, sino que pueden ser restringidos en función de una finalidad constitucionalmente válida, y que los medios adoptados para su consecución sean idóneos, necesarios y proporcionales. En este sentido esta libertad se puede restringir, debido a que existen profesiones cuyo ejercicio tiene severas repercusiones en la sociedad, por lo que el Estado debe de cerciorarse que la persona aspirante a una profesión cuente con los conocimientos necesarios que la misma le exige.

El Derecho es una de las profesiones enumeradas por la Ley Reglamentaria del Artículo 5o. Constitucional, Relativo al Ejercicio de las Profesiones en la Ciudad de México, que requieren de título profesional para su ejercicio, por lo que los aspirantes a ejercer la abogacía deberán acudir a las facultades y escuelas de Derecho a adquirir las habilidades y conocimientos necesarios para poder desempeñarla correctamente.

El título profesional encuentra sustento en el artículo 5° Constitucional, mismo que señala "La ley determinará en cada entidad federativa, cuáles son las profesiones que necesitan título para su ejercicio, las condiciones que deban llenarse para obtenerlo y las autoridades que han de expedirlo".

Por su parte las cédulas se encuentran reguladas en la ley citada y su reglamento. Esta ley señala que para poder obtener una cédula profesional es necesario contar con un título profesional que avale que se cursó y aprobó todas las materias del respectivo plan de estudios de la profesión. De lo anterior surge la siguiente interrogante ¿por qué se solicitan las cédulas para poder ejercer una determinada profesión si la Constitución sólo exige el título?

Otro aspecto importante es que el mismo artículo constitucional señala que la ley de cada Estado determinará que profesiones requieren de título para su ejercicio. Sin embargo, existen estados, como Puebla, que no cuentan con ley de profesiones, generando incertidumbre.

El título profesional, de acuerdo con el artículo 1° de la ley reglamentaria mencionada, "es el documento expedido por instituciones del Estado o descentralizadas, y por instituciones particulares que tenga reconocimiento de validez oficial de estudios, a favor de la persona que haya concluido los estudios correspondientes o demostrado tener los conocimientos necesarios de conformidad con esta Ley y otras disposiciones aplicables".

El Poder Judicial de la Federación, a través de tesis aisladas emitidas por Tribunales Colegiados de Circuito, ha señalado que el título profesional solamente acredita que una persona ha cumplido con el plan de estudios; pero este no autoriza a ejercer una determinada profesión[1], sino que, como se verá más adelante, es la cédula la que da ese derecho.

Sorprende que la Ley General de Profesiones no defina que se entiende por cédula profesional, simplemente señala que toda persona que esté en posesión de un título profesional podrá obtener cédula con efectos de patente, previo registro de dicho título académico. Es decir, la cédula otorga el derecho a una persona a beneficiarse del ejercicio de una determinada profesión.

Lo anterior se ve reflejado en el artículo 24 de la multicitada, mismo que señala que se entiende por ejercicio profesional "la realización habitual a título oneroso o gratuito de todo acto o la prestación de cualquier

---

1 [TA]; 7a. Época; T.C.C.; S.J.F.; Volumen 86, Sexta Parte; p. 69.

servicio propio de cada profesión, aunque sólo se trate de simple consulta o la ostentación del carácter del profesionista por medio de tarjetas, anuncios, placas, insignias o de cualquier otro modo. No se reputará ejercicio profesional cualquier acto realizado en los casos graves con propósito de auxilio inmediato."

De lo anteriormente expuesto, encontramos que los futuros abogados deben acudir a las diversas universidades a recibir formación para poder desempeñarse en el ámbito profesional, pues solo mediante la obtención del título correspondiente podrán solicitar la expedición de la cédula correspondiente.

Con corte de 2018, la Secretaría de Educación Pública tenía registradas 778,125 cédulas[2] que habilitan para ejercer la profesión jurídica, lo que implica una gran competencia para los que están por egresar. Mayor reto se presenta para éstos si no reciben durante su formación profesional las herramientas adecuadas para un correcto desarrollo profesional. Para una mejor visualización del dato expuesto, se agrega la siguiente tabla con información de las cédulas desagregadas por entidad federativa.

Tabla 1. Concentrado de cédulas de licenciatura en Derecho por entidad federativa[3]

Estados	Licenciatura
Aguascalientes	4,785 0.61%
Baja California	14,910 1.91%
Baja California Sur	1,268 0.162%
Campeche	3,207 0.412%
Chiapas	12,597 1.61%
Chihuahua	11,099 1.42%
Ciudad de México	398,943 51.25%

2 Dato obtenido de la solicitud de acceso a la información pública # 0001100275919

3 Tabla de elaboración propia con datos de la Secretaría de Educación Pública (S.F.).

Estados	Licenciatura
Coahuila de Zaragoza	10,928 1.4%
Colima	3,139 0.4%
Durango	5,907 0.75%
Guanajuato	17,829 2.29%
Guerrero	17,062 2.19%
Hidalgo	12,019 1.54%
Jalisco	10,947 1.4%
México	40,843 5.24%
Michoacán de Ocampo	17,632 2.26%
Morelos	8,941 1.14%
Nayarit	4,365 0.56%
Nuevo León	24,894 3.19%
Oaxaca	8,600 1.1%
Puebla	29,836 3.83%
Querétaro	7,364 0.94%
Quintana Roo	2,258 0.29%
San Luis Potosí	8,255 1.06%
Sinaloa	19,635 2.52%

Estados	Licenciatura
Sonora	8,740 1.12%
Tabasco	8,738 1.12%
Tamaulipas	18,196 2.33%
Veracruz de Ignacio de la llave	24,186 3.1%
Tlaxcala	3,513 0.45%
Yucatán	10,375 1.33%
Zacatecas	7,114 0.91%
Total	**778,125**

Con semejante magnitud de cédulas profesionales, cabe la pregunta ¿Qué distingue a los diversos egresados de las distintas facultades de Derecho?, pues el título profesional de las mejores universidades que acredita los estudios respectivos, en términos normativos, cumple la misma función que los títulos expedidos por universidades no tan reconocidas. Es por este motivo, que la calidad de la educación recibida resulta determinante en el éxito del futuro profesional del Derecho.

La situación se complica con el gran número de universidades y escuelas de Derecho. En la actualidad existen un sin número de universidades ofertando el programa de licenciatura en Derecho. Con datos de la Secretaría de Educación Pública, con corte a diciembre de 2018, existen 2694 universidades en el país ofertando algún programa en Derecho (Licenciatura, Especialidad, Maestría y Doctorado). Por lo que respecta a los RVOES para ofertar la licenciatura en Derecho, en el país hay 1574 a nivel nacional.

El Estado que más RVOES de licenciatura en Derecho es el Estado de México con el 21.35% de los RVOES del país, seguido por la Ciudad de México con 15.18%. Los Estados que menos tiene son Tlaxcala y Nayarit con 0.13%.

Tabla 2. Concentrado de universidades que ofertan programas de derecho y de RVOES federales para ofertar licenciatura en derecho desagregado por entidad federativa[4].

Estado	Universidades	Licenciatura REVOE
Aguascalientes	44 1.63%	27 1.72%
Baja California	61 2.26%	36 2.29%
Baja California Sur	13 0.48%	9 0.57%
Campeche	20 0.74%	15 0.95%
Chiapas	71 2.64%	36 2.29%
Chihuahua	42 1.56%	26 1.65%
Ciudad de México	556 20.64%	239 15.18%
Coahuila	59 2.19%	45 2.86%
Colima	15 0.56%	7 0.44%
Durango	8 0.30%	6 0.38%
Edo México	560 20.79%	336 21.35%
Guanajuato	205 7.61%	133 8.45%
Guerrero	36 1.34%	22 1.40%
Hidalgo	64 2.38%	40 2.54%
Jalisco	130 4.83%	73 4.64%
Michoacán	80 2.97%	53 3.37%

4 Tabla de elaboración propia con datos de la Secretaría de Educación Pública (S.F.).

Estado	Universidades	Licenciatura REVOE
Morelos	40 1.48%	27 1.72%
Nayarit	4 0.15%	2 0.13%
Nuevo León	44 1.63%	25 1.59%
Oaxaca	33 1.22%	20 1.27%
Puebla	97 3.60%	51 3.24%
Querétaro	66 2.45%	43 2.73%
Quintana Roo	46 1.71%	23 1.46%
San Luis	33 1.22%	24 1.52%
Sinaloa	22 0.82%	17 1.08%
Sonora	65 2.41%	49 3.11%
Tabasco	25 0.93%	18 1.14%
Tamaulipas	38 1.41%	29 1.84%
Tlaxcala	8 0.30%	2 0.13%
Veracruz	138 5.12%	99 6.29%
Yucatán	57 2.12%	32 2.03%
Zacatecas	14 0.52%	10 0.64%
Total	2694	1574

El creciente número de escuelas, sobre todo privadas, se debe al exceso de demanda que no puede ser satisfecha por las universidades públicas (Fix-Fierro, 2020). En este sentido, las universidades privadas, especialmente, pequeñas, disminuyen la presión social por acceder a formación superior.

El derecho es una de las profesiones que más se oferta por universidades privadas pequeñas, pues requiere una inversión limitada, ya que, como señala Fix-Fierro (2020), únicamente es necesario contar con salón de clases y un profesor, no es necesario una biblioteca, dado el método de enseñanza de exposición magistral.

Los escasos requisitos que se necesitan para obtener un Reconocimiento de Validez Oficial de Estudios[5], es otro de los factores que favorecen el florecimiento de escuelas privadas de poca calidad en el país. Por lo que los egresados de estas instituciones cuentan muchas ocasiones con formación muy limitada para su desempeño profesional.

No obstante, aún en las universidades de élite existen deficiencias, mismo que se desarrollará en el siguiente epígrafe.

II. PANORAMA DE LA EDUCACIÓN JURÍDICA

Para Magaloni (2006) la formación jurídica de élite[6] se caracteriza por su homogeneidad. Los programas de estudios en Derecho no varían en gran medida, por lo que dependerá del sello que quiera imprimirle cada institución de acuerdo con su visión educativa lo que provoca cierta diferenciación. Es por este motivo, que la autora considera que se forman abogados "de un mismo molde".

Así, esta autora al comparar las mallas curriculares de 7 universidades (Universidad Nacional Autónoma de México, Escuela Libre de Derecho, Instituto Tecnológico Autónomo de México, Instituto Tecnológico y de Estudios Superiores de Monterrey, Universidad La Salle, Universidad Panamericana y la Universidad Iberoamericana) concluye que la educación jurídica tiene las siguientes características:

- Planes de estudio con pretensiones enciclopedistas.
- Enseñanza del Derecho fraccionada en ramas inconexas.

---

5 El artículo 71 de la Ley General de Educación Superior simplemente señala que el Reconocimiento de Validez Oficial de Estudios se otorgara a quien acredite contar con personal académico, planes y programas de estudio, así como instalaciones y, en su reglamento escolar, las formas y procedimientos de titulación.

6 La autora realizó un análisis de las facultades de Derecho mejor evaluadas de acuerdo con el periódico Reforma.

- Método de enseñanza de tipo magistral, que en el mejor de los escenarios sirve para explicar información compleja, y en el peor, para resumir el contenido de los distintos textos jurídicos.
- Profesores escasamente capacitados pedagógicamente.
- **Enseñanza poco práctica.** Predomina la idea de que el Derecho se aprende mediante abstracción de conceptos, sin recurrir a los problemas prácticos.
- La formación para el **desarrollo de destrezas y aptitudes** está ausente en las aulas.

Por lo que refiere a la temática de este trabajo, debe destacarse lo poca práctica que es la educación jurídica del país, pues en las aulas se transmiten meras abstracciones conceptuales con poca referencia a lo que sucede en la realidad. Además, debido a que se privilegia la simple memorización de categorías, no se fomenta el desarrollo de habilidades de pensamiento y razonamiento que permita el planteamiento de soluciones novedosas que demanda la realidad social.

Ante este panorama, los destinatarios de la oferta educativa, es decir, los futuros empleadores de los egresados de Derecho encuentran insatisfacción de lo aprendido por éstos en las aulas. El gran problema que observan de los egresados es la falta de capacidad para proponer alternativas a las demandas que exigen un mundo altamente globalizado, pues se parte de que el mero conocimiento de las leyes es suficiente para poder ejercer la profesión jurídica (Magaloni, 2006).

Sin embargo, dada la alta volatilidad con la que el mundo se desenvuelve, en reiteradas ocasiones el Derecho no avanza al ritmo de éste, sino que queda rezagado, por lo que existen vacíos normativos que impiden resolver los problemas jurídicos que surgen de las transformaciones sociales. Es por este motivo, que los empleadores necesitados de egresados competentes y capaces de dar remedio a estos problemas, dada la actual educación jurídica, quedan decepcionados.

Richard Susskind (2017) autor ampliamente reconocido a nivel internacional debido a sus libros sobre el futuro de la abogacía, uno de ellos intitulado "*Tomorrow´s Lawyers*", considera que resulta preocupante que las escuelas de Derecho no satisfagan las demandas del mercado laboral. Todavía más angustiante resulta, frente al uso de tecnología para prestar servicios legales[7], que las

[7] El autor señala que la tecnología está terminando con la concepción tradicional de la abogacía, pues ahora la gente puede introducir en una aplicación ciertos

universidades no estén adaptando sus planes de estudio para que sus estudiantes puedan competir en su futura vida laboral.

Pero si los estudiantes no obtienen los conocimientos prácticos de las aulas, entonces ¿lo obtienen practicando en despachos o bufetes jurídicos? Lamentablemente esto no sucede así, pues en los despachos a los estudiantes se les asignan tareas que poco contribuyen a su formación, como ocuparse de papeleo jurídico (Susskind, 2017).

Además, es una actividad en riesgo de desaparecer, pues los despachos ya no están dispuestos a invertir grandes sumas de dinero en pasantes, pues las actividades que les asignan pueden ser realizadas mediante la contratación de despachos externos, incluso de otros países, que resulten en menos costos (Susskind, 2017).

Ante este panorama las universidades deben de ser proactivas para lograr que sus estudiantes egresen con las mejores herramientas posibles. En este sentido, deben de lograr que los alumnos obtengan dentro de su formación profesional las habilidades prácticas. Para lograrlo, se propone la incorporación de las clínicas jurídicas como materia dentro de los programas de estudio.

III. LAS CLÍNICAS JURÍDICAS COMO SOLUCIÓN AL PROBLEMA

En otras profesiones, como la medicina o psicología, durante el desarrollo de su formación profesional, los estudiantes son impulsados a aprender en escenarios prácticos. Por ejemplo, en Psicología encontramos materias como Entrevista Clínica, misma en la que los futuros psicólogos son instruidos para desarrollar habilidades que les permitan realizar entrevistas clínicas.

En este sentido, los estudiantes de psicología utilizan la cámara de Gesell para reforzar lo aprendido en las aulas; pero esta práctica no es simulada, sino que realizan entrevistas reales, lo que les permite aterrizar la teoría con lo que enfrentarán en su futuro profesional al realizar este tipo de entrevistas.

En Medicina, los estudiantes constantemente son colocados en escenarios prácticos, como hospitales. Espacios donde conocen y enfrentan la realidad de su profesión, puesto que los manuales de medicina no ofrecen siempre al futuro profesional de la medicina la respuesta correcta para cu-

datos, de modo que, puede obtener un contrato sin necesidad de haber recurrido a un abogado.

rar a sus pacientes, sino que es precisamente en la práctica en donde irán conociendo la mejor forma de tratar las enfermedades.

El Derecho, al igual que la Medicina o la Psicología, es una de las profesiones que demanda un desenvolvimiento práctico para poder adquirir las habilidades necesarias para su efectivo ejercicio. No obstante, los programas de estudio de Derecho no están diseñados para lograr ese objetivo, pues, como se ha señalado, abundan materias teóricas con poca relación con lo que sucede en los hechos.

En una comparación realizada entre los programas de estudios de las universidades que conforman el Sistema Universitario Jesuita, las mejores rankeadas a nivel del Estado de Puebla y a nivel nacional, se encuentra que solo la Universidad Iberoamericana Ciudad de México y el Instituto Tecnológico Autónomo de México cuentan en sus respectivas mallas curriculares con la materia de Clínica Jurídica.

La Ibero CDMX con un renovado plan de estudios incorporó recientemente esta materia. Esta universidad cuenta con múltiples clínicas, cada una enfocada a determina temática, como la atención de refugiados, la de justicia ambiental, entre otras[8].

Por su parte el ITAM cuenta con cuatro cursos de clínica jurídica, en las que los estudiantes podrán desenvolverse en múltiples ramas del derecho de acuerdo con su interés. De acuerdo con la página web de esta institución, los alumnos podrán optar por las siguientes clínicas[9]:

- Atención a Personas Refugiadas.
- Centro de Acceso a la Justicia.
- Datos Públicos y Transparencia en Materia de Justicia.
- Derecho y Política Pública.
- Desarrollo Sustentable y Derecho Ambiental.
- Impacto Social y Abogacía Comunitaria.
- Innovación y Emprendimiento Social.
- Investigación de Antropología Legal.
- Investigación y Enseñanza del Derecho.

---

8 Al respecto ver la página web: https://derecho.ibero.mx/aprendamoshaciendo/clinicas/?_ga=2.133110088.771407924.1691200608-695467366.1691200608

9 Al respecto ver la página web: https://derecho.itam.mx/es

- Jurídica para el Desarrollo de la Empresa Local.
- Laboratorio de Ideas Sobre Migración y Movilidad Humana.
- Litigio Penal en Contra de Violaciones Graves de Derechos Humanos.
- Medios Alternativos de Solución de Conflictos.
- Mejora de la Justicia Laboral.

Como puede apreciarse resulta muy enriquecedor el enfoque que estas universidades están imprimiendo a la educación, pues permite a sus estudiantes aterrizar los conceptos aprendidos en su formación con la práctica. Además, al establecer las clínicas como materia, obliga a los estudiantes a enfrentarse a la realidad.

Esto no significa que en las mallas curriculares de las demás universidades comparadas no se encuentren materias que busquen mediante simulaciones involucran a los alumnos con los escenarios prácticos[10]. Sin embargo, la diferencia de materias que simulan la práctica con las clínicas, es que estas últimas si enfrentan a los estudiantes a casos reales.

Desde mi perspectiva, la incorporación de las clínicas como materia obligatoria trae las siguientes ventajas:

- La institucionalización de la práctica en la educación jurídica, pues como se ha señalado, los estudiantes deben recurrir a externos a fin de obtener los conocimientos que no obtienen en su educación.
- Como consecuencia de lo anterior, la eliminación de estos terceros que lejos de contribuir a la formación de los estudiantes, los involucran en actividades poco útiles para esta empresa.
- Finalmente, prestigio para la universidad que decida incorporar la materia. Como se explicó en el primer epígrafe, la competencia educativa se ha incrementado notablemente, lo que provoca que la diferenciación que puedan tener respecto del resto es relevante.

No obstante, las grandes ventajas que trae consigo su incorporación a las mallas curriculares, esto puede traer retos para las universidades, tales como:

- Costos económicos, puesto que el establecimiento de clínicas implica contar con instalaciones adecuadas para su funcionamiento, así como de personal adecuado.

[10] Encontramos materias como Práctica Procesal Civil, Práctica Procesal Penal, Juicios Orales.

- La selección de un perfil docente adecuado para su dirección. Esto resulta relevante, pues existe la crítica que para ser profesor en las escuelas de derecho basta con contar con la licenciatura; sin embargo, lo anterior no implica que cuente con formación pedagógica para poder enseñar. Lo mismo puede señalarse de aquel perfil que se ocupe de dirigir la clínica.
- Por último, uno de los grandes desafíos de esta propuesta es el cambio de paradigma en la educación jurídica, ya que el entendimiento positivista de la educación como mera transmisión de categorías abstractas, trae consigo el cambio de mentalidad de los ahora docentes, lo que no resulta sencillo.

Los beneficios que trae consigo esta propuesta superan a los costos, pues en un país tan lastimado por la impunidad y la falta de estado de derecho, requiere operadores jurídicos preparados, capaces de lograr que la gente encuentre solución a sus problemas.

Como señala Fix-Fierro (2020) "Es una hipótesis razonable suponer entonces que los conocimientos que los futuros abogados adquieran en los estudios profesionales, así como los incentivos y las prácticas que encuentren en el ámbito profesional, tengan consecuencias en la consecución del tan anhelado Estado de Derecho".

Si los justiciables lejos de encontrar profesionales del derecho que den solución a sus conflictos, encuentran debido a la mala preparación de estos, frustradas sus pretensiones, el sistema se deslegitima, además de que el derecho de acceso a la justicia se obstaculiza.

IV. CONCLUSIÓN

El ejercicio de la abogacía requiere que los aspirantes a su ejercicio acudan a las aulas universitarias. Por este motivo, se espera que en las universidades los alumnos encuentren satisfechas sus necesidades de adquisición de habilidades suficientes que les permitan dar solución a los problemas que enfrentarán en la realidad.

Es demasiada la actual oferta educativa debido a los requerimientos tan mínimos que deben satisfacer los particulares que deseen obtener un REVOE, por lo que la calidad de la educación en algunas ocasiones es cuestionable. Además, de que la educación de "élite" tampoco está respondiendo a las demandas del mercado laboral.

La práctica es un elemento olvidado en la educación jurídica, pues a pesar de la conciencia de que el derecho es una profesión altamente práctica, las escuelas de derecho han decidido no fortalecer este elemento durante la formación de los estudiantes.

Considero que la manera de fortalecer este elemento es la inserción en las mallas curriculares de las clínicas jurídicas, pues con esto se logra institucionalizar la práctica durante la formación de los estudiantes, eliminado a terceros que lejos de contribuir a su formación, se aprovechan de los deseos de aprendizaje de los pasantes, asignándoles tareas que no contribuyen a su desarrollo.

El reto para lograrlo es el cambio de mentalidad en la actual generación docente de derecho, que parten de una concepción formalista del derecho, y descuidan los elementos prácticos. Solo mediante la consolidación de una sólida formación jurídica se podrá lograr la consecución del estado de derecho, que en nuestro país es una exigencia de décadas que parece inalcanzable.

Referencias

Constitución Política de los Estados Unidos Mexicanos, publicada en el Diario Oficial de la Federación el 5 de febrero de 1917.

Fierro, H. F. (2020). *El poder del Poder Judicial y la modernización jurídica en el México contemporáneo.* D.F: UNAM.

Ley General de Educación Superior, publicada en el Diario Oficial de la Federación el 20 de abril de 2021.

Ley Reglamentaria Del Artículo 5o. Constitucional, Relativo Al Ejercicio De Las Profesiones En La Ciudad De México, publicada en el Diario Oficial de la Federación el 26 de mayo de 1945.

Magaloni, A. L. (2006). Cuellos de botella y ventanas de oportunidad de la reforma a la educación jurídica de elite en México. In H. F. Fierro, *Del gobierno de los abogados al imperio de las leyes. Estudios sociojurídicos sobre educación y profesión jurídicas en el México contemporáneo* (pp. 61-91). D.F: UNAM.

Real Academia de la Lengua. (n.d.). Profesión: Diccionario de la Lengua Española. Retrieved from https://dle.rae.es/profesi%C3%B3n

Secretaría de Educación Pública (n.d.). *Información de Reconocimientos de Validez Oficial de Estudios del tipo Superior (RVOES).* Retrieved from https://www.sep.gob.mx/wb/sep1/SIRVOES

Susskind, R. (2017). *Tomorrows Lawyers.* Oxford: Oxford.

Tesis [TA]; Séptima Época; T.C.C.; S.J.F.; Volumen 86, Sexta Parte; p. 69.

jLumaltik Candelaria: litigio estratégico para la (re) construcción de los gobiernos comunitarios indígenas[1]

Mtro. Julio César Ávalos Huerta
Mtro. Simón Alejandro Hernández León

RESUMEN: En este texto se da cuenta del proceso de construcción de *jLumaltik Candelaria* como instancia de gobierno indígena en la comunidad tsotsil La Candelaria, del Municipio San Cristóbal de Las Casas, Chiapas. El punto de partida es el ejercicio del derecho a la autodeterminación reconocido en la Constitución nacional mexicana y en los instrumentos jurídicos internacionales. Este trabajo narra y teoriza sobre la experiencia de intervención (aún en curso) de la Clínica Jurídica "Minerva Calderón" de la Universidad Iberoamericana Puebla en calidad de asesores de los líderes comunitarios de La Candelaria.
Se pone a prueba la teoría sobre el uso contra-hegemónico del derecho (De Sousa, 2005) a través del litigio estratégico. Se propone una interpretación del derecho a la determinación y del ejercicio de la autonomía comunitaria indígena en el marco del principio de progresividad de los derechos humanos, del principio *pro-persona* y de interpretación conforme. El argumento que se sostiene sobre la experiencia litigiosa es que *jLumaltik Candelaria*, junto con experiencias análogas de otras comunidades indígenas en otras entidades federativas a lo largo de la última década, debe considerarse un auténtico cuarto orden de gobierno. Por último, que las determinaciones judiciales y la respuesta estatal frente a la exigencia de comunidades indígenas tienen un resultado diferenciado en el que la organización, capacidad política y estrategias de alianza son factores cruciales.

Palabras clave: derechos indígenas / autonomía / autodeterminación / justicia / litigio estratégico / uso contrahegemónico del derecho /

---

1 Los párrafos correspondientes a este epígrafe fueron escritos con base en las notas recogidas por los autores de este trabajo durante sucesivas jornadas de trabajo de campo en la comunidad La Candelaria, entre el mes de noviembre de 2021 y el mes de septiembre de 2022. Por lo que toca a la información sobre los procedimientos administrativos y judiciales, forman parte del expediente que se ha integrado en la Clínica Jurídica Minerva Calderón, en la que colaboramos los autores como abogados en el proceso.

I. CHERÁN COMO ANTECEDENTE DE LA INICIATIVA

La década del 2000, se caracterizó por un incremento notable de la violencia y por la presencia de grupos criminales que se establecieron en buena parte de Michoacán. La desatención de las autoridades municipales, estatales y federales fueron minando progresivamente la confianza de la población de Cherán, un municipio mayoritariamente habitado por personas de la etnia purépecha, en las instituciones públicas. En torno al año 2010, la extorsión, la violencia contra los ciudadanos y el homicidio en un marco de impunidad, habían exacerbado los ánimos de la población. Fue así que el 15 de abril de 2011 un grupo de mujeres cheranenses articuladas en torno a la fundación del *Movimiento por la Seguridad, la Defensa del Bosque y la Reconstitución del Territorio,* deciden establecer puntos de control para el acceso a la comunidad y sus espacios naturales.

Esta acción sorpresiva detonó enfrentamientos con el crimen organizado y, después, también con las autoridades municipales que interpretaron la movilización purépecha como una insurrección que debía ser reprimida por las fuerzas públicas. Pero el movimiento no se detuvo; de manera sorprendente, la población logró organizarse para establecer los puntos la vigilancia de los accesos a su comunidad y sus bosques. Finalmente terminaron por desconocer a la autoridad municipal y su policía[2].

La tensión social y política que se suscitó en Michoacán a raíz de la movilización comunitaria de Cherán, coincidió con el proceso de renovación de autoridades municipales que se llevaría a cabo mediante el proceso electoral del mes de noviembre del mismo año. Las semanas posteriores que transcurrieron desde el 15 de abril fueron cruciales para el movimiento. La ausencia de la policía municipal y el control efectivo de los accesos habían devuelto a la comunidad una relativa paz, a pesar de la amenaza latente que representaba el crimen organizado.

A diferencia de lo que había ocurrido en 1994 con el movimiento zapatista, el marco jurídico de 2011 resultaba mucho más propicio para una argumentación de la legitimidad de las reivindicaciones purépechas de Cherán. Pero, ¿cómo hacer valer los derechos de autodeterminación y los derechos territoriales que ya habían sido reconocidos por los órganos del poder legislativo? ¿Cómo transitar de un movimiento insurreccional que,

---

2 La narrativa de los sucesos y algunas reflexiones sobre el caso Cherán están basadas en Aragón, 2019.

en principio, se hallaba al margen de la ley, hacia un reconocimiento efectivo de sus propias instituciones comunitarias de gobierno y de seguridad pública?

Una serie de asambleas para discutir los caminos que debía seguir el movimiento fue definiendo la ruta: no aceptarían un proceso electoral con la presencia de partidos políticos; exigirían el respeto al derecho a elegir, de acuerdo con sus procedimientos, su propia instancia de gobierno, el mismo que se había articulado a lo largo de las semanas posteriores a los sucesos de abril: el Concejo Mayor de Gobierno Comunal de Cherán o *Cherán K´eri,* como lo denominaron en su lengua materna.

El reconocimiento al *Cherán K´eri* y el ejercicio de los derechos autonómicos de la comunidad purépecha era congruente con el derecho positivo vigente contenido tanto en la Constitución Federal como en los instrumentos internacionales. Para iniciar la estrategia judicial, Orlando Aragón, un abogado y profesor-investigador de la UNAM, se constituyó en su principal asesor jurídico. No obstante, las autoridades electorales de Michoacán no reconocieron legitimidad a la autoridad comunitaria indígena. Frente a esta negativa, la arena de debate se trasladó al poder judicial: el 2 de noviembre de 2011 la Sala Superior del Tribunal Electoral del Poder Judicial de la Federación resolvió…

> …que los integrantes de la comunidad indígena del Municipio de Cherán, ubicado en el Estado de Michoacán de Ocampo (Michoacán) tienen derecho a solicitar la elección de sus propias autoridades, siguiendo para ello sus normas, procedimientos y prácticas tradicionales, con pleno respeto a los derechos humanos.

Como resultado de la resolución judicial, el 22 de enero de 2012 se produjo en la comunidad la elección del Concejo Mayor del Gobierno Comunal con la validación, por mandato del Poder Judicial de la Federación, del Instituto Electoral del Estado de Michoacán. Un hecho sin precedentes.

II. SEGUIR LA RUTA DEL DERECHO

El caso Cherán dinamizó procesos similares en otros municipios de Michoacán y otras entidades de la federación; algunas iniciativas iniciaron su desarrollo en Chiapas, entre ellas las de Chilón y Sitalá (Leyva, Cubells y Trigueiro, 2021). Otra de ellas se encuentra en desarrollo en el municipio San Cristóbal de Las Casas, en la comunidad La Candelaria, sobre la que haremos nuestros análisis.

La historia reciente de las luchas indígenas de Chiapas está marcada por el movimiento zapatista que, en 1994, irrumpió en la escena política nacional e internacional. El zapatismo ha optado desde sus orígenes y hasta la actualidad, por la construcción de una institucionalidad política paralela a la del Estado; así, sus *Juntas de Buen Gobierno* no se proponen como una instancia de gobierno local en la estructura política oficial. Sus mecanismos de solución de controversias forman parte de un sistema normativo que no busca formas de coordinación con la administración de justicia ordinaria.

Otra ruta de acción política diferente a la del zapatismo ha sido el empleo de los derechos reconocidos en los instrumentos normativos para la defensa de los derechos de pueblos y comunidades; esto es, en un uso contra hegemónico para cuestionar el orden sociopolítico y jurídico establecido (Sierra *et al*, 2011). En México, apelar al derecho agrario o al derecho ambiental fue la primera opción como instrumento normativo para la defensa del territorio; posteriormente, apoyándose en la jurisdicción electoral, se pretendió el control político comunitario; finalmente, frente a los resultados adversos, la justicia constitucional se convierte en la herramienta clave de última instancia para la defensa del territorio, el reconocimiento de las formas de organización comunitaria y el uso de recursos públicos.

Esta expresión de coexistencia del derecho e instituciones indígenas con la estructura estatal se desarrolla en una dimensión política en donde el reconocimiento jurídico y social se imbrica con la judicialización como expresión de la dimensión jurídica. El indigenismo del siglo XX en México con un componente agrario y de políticas de masa, estableció condiciones para que las comunidades utilizaran las estructuras jurídicas y políticas dominantes y, a partir de ellas, reclamar su reconocimiento y el de sus propias instituciones y tradiciones.

Para Magdalena Gómez (2015), la "construcción de la vía jurídica", derivó en planteamientos sobre la refundación misma del Estado, su diversidad étnica y cultural. El reconocimiento constitucional de la autonomía potenció las acciones judiciales. Así "la vía jurídica hace parte de la resistencia indígena" (Gómez, 2015, p. 603).

En este sentido, la comunidad tsotsil de La Candelaria aspira al reconocimiento de sus instancias de gobierno comunitario en coordinación con el Municipio San Cristóbal de Las Casas; además, exigen la gestión autónoma del presupuesto público que proporcionalmente les corresponde en términos del número de habitantes que integran la comunidad.

La comunidad considera que la autogestión de su presupuesto les permitiría desempeñar otras funciones de gobierno —que ya desempeñan en estructuras establecidas— que estiman clave para su desarrollo, como la seguridad o la planeación y ejecución de obras de infraestructura. También pretenden formalizar mecanismos de solución de sus conflictos internos dentro de los límites de las tierras que ocupan y que constituyen el ejido La Candelaria.

En lo que coinciden plenamente con el movimiento zapatista es en la necesidad de deslindarse del modelo de democracia de partidos políticos y de los procesos electorales diseñados bajo el paradigma de la democracia liberal y el voto individual. Los testimonios recurrentes en la comunidad refieren que los partidos políticos dividen a la comunidad y, cuando alguno obtiene la victoria electoral, desatienden las necesidades de la gente hasta que se aproxima la fecha de una nueva elección.

En el fondo, al margen de una vía jurídica desde la legalidad imperante o de los movimientos más radicales de autonomía, en los procesos disruptivos de las comunidades indígenas subyace una crítica a los fundamentos y la concepción del Estado occidental cimentado en pautas individualistas. También se muestran profundamente críticos al liberalismo político y económico, a la democracia representativa, así como a las expresiones de la autoridad política del Estado inconsultas. Se trata de un proceso no lineal de apropiación y resignificación constante del campo jurídico como espacio de condensación y construcción del poder y de la institucionalidad, "redefiniendo la soberanía y los márgenes del estado" (Sierra, *et al*, 2013, p. 31).

III. LA CJMC Y EL LITIGIO ESTRATÉGICO

Atentos a la experiencia de Cherán, las autoridades comunitarias de La Candelaria iniciaron su búsqueda de la estrategia idónea. Y qué mejor que ir a Michoacán a conversar con los cheranenses sobre su proceso y, aún más, ¡solicitar al abogado Orlando Aragón que les asesorara en sus gestiones ante las instancias gubernamentales! Así lo hicieron durante los primeros meses de 2021.

Lo que vieron en Cherán los animó a continuar su propósito, aunque el abogado Aragón finalmente no asumió la representación legal de la comunidad. La Candelaria, insistiría en conseguir una asesoría jurídica que se comprometiera a cumplir el papel que ellos estimaban necesario, sobre todo ante la previsible negativa de las autoridades chiapanecas para conceder las pretensiones de la comunidad tsotsil.

La presencia de misioneros de la Compañía de Jesús en comunidades indígenas del Estado sureño, facilitaría los contactos con el Departamento de Ciencias Sociales de la Universidad Iberoamericana en Puebla y con la Clínica Jurídica Minerva Calderón (CJMC)[3], adscrita a ese departamento. La CJMC decidió asumir institucionalmente la asesoría en el caso La Candelaria, comprometiéndose a iniciar las actividades en una asamblea celebrada el 28 de noviembre de 2021 en la comunidad. Durante dicha jornada, los abogados de la CJMC presentarían a la comunidad las alternativas para transitar la ruta hacia el reconocimiento, por parte de las autoridades estatales y municipales, de la instancia de gobierno comunitario que constituyeron bajo la denominación "jLumaltik Candelaria"[4].

Durante la asamblea del 28 de noviembre, los abogados de la CJMC presentaron tres propuestas a la comunidad:

a) La constitución de un municipio indígena que requería una modificación constitucional por el congreso de Chiapas.

b) La transferencia de funciones de gobierno local y de recursos financieros siguiendo el criterio de proporcionalidad poblacional y la jurisdicción electoral.

c) El reconocimiento de *jLumaltik Candelaria* como instancia de gobierno autónomo con las funciones administrativas que les correspondieran.

---

3 La Clínica Jurídica Minerva Calderón es una entidad académica adscrita al Departamento de Ciencias Sociales de la Universidad Iberoamericana Puebla integrada por profesionales del derecho de distintas especialidades y estudiantes de la Licenciatura en Derecho. Los autores de este trabajo son abogados integrantes de esta instancia universitaria. El propósito de la clínica es realizar actividades de incidencia social a través del litigio estratégico, además de servir como espacio para la práctica y desarrollo de la sensibilidad social para estudiantes del programa de la Licenciatura en Derecho.

4 jLumaltik es una palabra en idioma tsotsil que puede traducirse al español como "pueblo" o "comunidad", de modo que la traducción literal de la expresión "jLumaltik Candelaria", sería "Pueblo de La Candelaria" o "Comunidad de La Candelaria"; sin embargo, las autoridades integrantes de dicha instancia de gobierno prefieren la expresión "Gobierno comunitario de La Candelaria" cuando traducen al español.

Después de un largo debate, la comunidad decidió que la ruta idónea era la tercera de las propuestas, pero que, de manera simultánea, se intentaría la transferencia de funciones de gobierno local y de recursos financieros.

La idea de constituir un municipio indígena no se consideró conveniente debido a que, de la lectura de la legislación correspondiente a los municipios en Chiapas, se desprendía que sería inevitable que se ordenara la celebración de elecciones bajo la modalidad de competencia entre los partidos políticos y voto universal, secreto y directo.

La solicitud de la transferencia de recursos referida en la segunda opción se decidió como una alternativa, en caso de que la opción idónea fracasara. En la sesión de noviembre de 2021 se consideró que el reconocimiento a *jLumaltik Candelaria* implicaría, además de la transferencia de funciones y recursos financieros, un amplio reconocimiento a la personalidad del gobierno comunitario como sujeto político de derecho público con todas las potestades de control territorial que derivan del concepto de autodeterminación popular como lo veremos líneas abajo.

En el diseño de la estrategia bajo el formato del litigio estratégico[5], se recomendaron algunas acciones preparatorias a modo de petición formal a las instancias gubernamentales para que, en caso de no ser concedidas, se convirtieran en el insumo de una eventual acción judicial. Esta maniobra corresponde a lo que, siguiendo el aprendizaje de Cherán, se ha denominado *construcción del acto de autoridad.*

El 4 de enero de 2022 se presentaron sendas solicitudes al Ayuntamiento de San Cristóbal de Las Casas y al Congreso Legislativo del Estado de Chiapas. El cuerpo de ambas solicitudes incluyó que, mediante declaración formal, se reconociera y garantizara los derechos de libre determinación, autonomía y autogobierno indígena de *jLumaltik Candelaria* y se reconociera a la comunidad como sujeto de derecho público y entidad de interés público.

Es importante destacar las implicaciones que tendría esta declaración solicitada: parafraseando el texto constitucional y el Convenio 169, implicaría el respeto a las decisiones que la comunidad tome en materia de formas internas de convivencia y organización social, económica, política y cultural;

---

5 Respecto al concepto de litigio estratégico como se emplea en este escrito, sugerimos revisar el documento del Alto Comisionado de Naciones Unidas para los Derechos Humanos (2007).

la aplicación de su sistema normativo en la regulación y solución de sus conflictos internos; la elección de sus autoridades y representantes políticos de acuerdo con sus normas, procedimientos y prácticas tradicionales; el diseño y ejecución de políticas para preservar y enriquecer sus lenguas, conocimientos y todos los elementos que constituyan la cultura e identidad tsotsil; la administración libre de sus recursos; la decisión de prioridades en lo que atañe a su proceso de desarrollo, a la conservación y mejoramiento del hábitat, así como la preservación de la integridad de sus tierras y territorio.

Adicionalmente, al Ayuntamiento de San Cristóbal de Las Casas se le solicitó información sobre el presupuesto del municipio incluyendo el correspondiente a las transferencias presupuestales del Estado y de la federación. Además, como se ha mencionado, se le solicitó que se transfiriera a *jLumaltik Candelaria* el monto que le correspondiera en términos proporcionales para que esta autoridad comunitaria lo gestionara de manera autónoma.

Como era presumible, ambas solicitudes fueron denegadas; lo relevante, es el argumento empleado por ambas instancias de gobierno para fundamentar su negativa, puesto que ese sería el acto de autoridad a combatir en la vía judicial, prevista en la estrategia diseñada por la CJMC.

Por su parte, el Congreso Legislativo, respondió mediante escrito del 24 de febrero de 2022 evadiendo atender la solicitud argumentando que no existen disposiciones reglamentarias sobre la forma de elegir y nombrar a las autoridades mediante los sistemas normativos internos y que correspondería al Ayuntamiento resolver la solicitud. Adujo, además, que el reconocimiento de *jLumaltik Candelaria* era un asunto de orden electoral, por lo que se declaró incompetente.

En cuanto a las autoridades municipales, mediante oficio del 17 de marzo, respondió evasivamente a las solicitudes: no informó sobre las partidas presupuestales y se negó a transferir recursos para que los administrara *jLumaltik Candelaria* y tampoco se pronunció a favor de la transferencia de funciones de gobierno. El argumento de la negativa relativa a la transferencia de presupuesto y de funciones de gobierno fue que, en la normativa oficial, tanto la ejecución presupuestaria como las atribuciones y funciones de gobierno corresponden exclusivamente a los Municipios.

IV. EL ASUNTO EN MANOS DE LA JUSTICIA FEDERAL

En seguimiento a la estrategia planteada, se promovieron sendos juicios de amparo en el mes de febrero de 2022. Por inexplicables dilaciones procesales, las autoridades judiciales federales que conocieron de estas demandas de amparo publicaron sus resoluciones hasta la última semana del mes de julio. Ambas sentencias fueron en sentido negativo respecto a las pretensiones de las autoridades comunitarias. El debate en los juicios de amparo que se comentan gira en torno a la interpretación del contenido del artículo 2° constitucional. La autoridad judicial, de manera restrictiva, ha desatendido las peticiones que hace la comunidad y evade la responsabilidad de aplicar de manera amplia y consecuente el principio de *pro-persona.*

El recurso procedente para inconformarse con las sentencias de amparo es el recurso de revisión. La comunidad solicitó a la CJMC que así se hiciera y aún está en análisis de un Tribunal Colegiado el sentido de la resolución.

También siguiendo la experiencia de Cherán, se decidió emprender acciones extrajudiciales para generar alianzas con otros actores. El 12 de agosto de 2022 se convocó a una conferencia de prensa en la sede de una institución de educación superior que se solidarizó con la comunidad[6]. En la conferencia se expusieron los argumentos que sustentan las reivindicaciones de la comunidad tsotsil y convocó a la sociedad chiapaneca y nacional a incorporarse al debate que, hasta ese momento, se ha desarrollado solamente en la arena judicial.

Aún es pronto para saber el desenlace de este caso, puesto que sigue en desarrollo; no obstante, el ejercicio promete dar frutos interesantes. Las acciones judiciales y extrajudiciales emprendidas han conducido a las autoridades municipales a flexibilizar su postura negativa frente a las pretensiones de *jLumaltik Candelaria.* Durante el desarrollo de los juicios de amparo, el presidente municipal tomó la iniciativa de convocar a los líderes comunitarios para informarles de manera no oficial, que está dispuesto a transferir parte de los recursos a la instancia de gobierno comunitario.

V. CONCLUSIONES (PRELIMINARES) EN TORNO AL USO CONTRA-HEGEMÓNICO DEL DERECHO

Es evidente que los debates que se suscitan entre la comunidad de La Candelaria y las autoridades estatales de los tres órdenes de gobierno (el ayuntamiento, el Congreso Legislativo del Estado de Chiapas y las autori-

---

6 Centro de Estudios Superiores de México y Centroamérica (CESMECA), con sede en San Cristóbal de Las Casas, Chiapas.

dades del Poder Judicial de la Federación), se llevan a cabo en un contexto en el que fácilmente se imponen interpretaciones de la norma jurídica que restringen el potencial transformador del derecho. El reconocimiento de los derechos de autodeterminación de los pueblos indígenas contenido tanto en la Constitución Nacional como en los tratados internacionales, puede entusiasmar iniciativas populares como la de los tsotsiles de La Candelaria, pero desde la perspectiva de los funcionarios públicos lo primero son los intereses del Estado y el orden hegemónico occidentalizado que representan.

Episodios como el de Cherán o el de La Candelaria evidencian la confrontación de dos narrativas opuestas sobre los derechos de los pueblos originarios; por una parte, la narrativa hegemónica, restrictiva y conservadora del *statu quo* y, por otra parte, la narrativa contra-hegemónica de los indígenas, que visualiza en el derecho contemporáneo la posibilidad de legitimar instituciones culturales que durante siglos permanecieron en la informalidad, cuando no en la ilegalidad.

El litigio de Cherán que concluyó con una sentencia favorable a los intereses de la comunidad purépecha por parte de las autoridades del Poder Judicial de la Federación ofrece evidencia de que el uso contra-hegemónico del derecho es posible. No obstante, no debe perderse de vista que ese episodio se produjo en el contexto de una tensión política y social extrema. En La Candelaria no hay esas circunstancias, lo que explica que la resolución definitiva de los tribunales federales sobre los asuntos medulares del litigio haya resultado largamente pospuesta.

Como se anotó anteriormente, frente a un aparente progresismo legislativo en el orden federal ratificando el Convenio 169 de la OIT y reformando el artículo 2° constitucional, se ha desarrollado un amplio conservadurismo que se manifiesta en políticas públicas por parte del poder ejecutivo. Posteriormente, el mismo poder legislativo produce normas reglamentarias restrictivas de los derechos consagrados en el denominado bloque de constitucionalidad de los derechos humanos.

Por lo que respecta al poder judicial, incluso en el ámbito de la federación, los más altos tribunales de la república solo excepcionalmente resuelven en consecuencia con el espíritu progresista que inspiró la reforma al artículo 2° constitucional y a los tratados internacionales en materia de derechos de los pueblos indígenas.

Incluso cuando resuelven a favor de las pretensiones indígenas, como lo hemos visto en el caso Cherán, lo esperable es que concedan el mínimo posible en el marco de la interpretación de la norma jurídica. A la fecha, los intentos por hacer que este caso, como expresión de normas convencionales y de la Constitución sea reasumido por la Suprema Corte no ha tenido éxito. Esta agenda, salvo coyunturas muy específicas, no ha sido desarrollada plenamente por el Máximo Tribunal.

Las resoluciones favorables son posibles sólo en el marco de una amplia movilización social que se traduzca en un clima político que incida en la conciencia de los juzgadores sobre el rol político de sus resoluciones judiciales.

Finalmente, la irrupción de la violencia en la entidad y en la región por la disputa de dos grupos de delincuencia organizada, complejizan un escenario favorable para los procesos autonómicos. Por el contrario, es posible que las autoridades políticas opten por un control del Estado a través de la presencia de las fuerzas de seguridad, incluyendo el Ejército y la Guardia Nacional y que estas circunstancias limiten los objetivos del reconocimiento de la autonomía comunitaria.

En este sentido, las experiencias comunitarias de Cherán y La Candelaria como modelos inéditos de democracia, se desarrollan en un ambiente adverso y complejo. *jLumaltik Candelaria,* a la luz de la teoría política, constituye la propuesta de un cuarto orden de gobierno. Ulteriores investigaciones podrán dar luz sobre los resultados que estas iniciativas arrojen en términos de construcción o reconstrucción del tejido social y de avances en materia de bienestar colectivo.

Lista de referencias

Alto Comisionado de Naciones Unidas para los Derechos Humanos (2007). "El Litigio Estratégico en México: la aplicación de los derechos humanos a nivel práctico. Experiencias de la sociedad civil". Oficina en México del Alto Comisionado de las Naciones Unidas para los Derechos Humanos, México. Disponible en: https://hchr.org.mx/wp/wp-content/themes/hchr/images/doc_pub/litigioestrategico.pdf

Aragón A., Orlando (2019). "El derecho en insurrección. Hacia una antropología jurídica militante desde la experiencia de Cherán, México."; Escuela Nacional de Estudios Superiores, Unidad Morelia.

De Sousa, Boaventura (2005). "El uso contra-hegemónico del derecho en la lucha por una globalización desde abajo." Anales de la Cátedra Francisco Suárez, 39, 363-420. Disponible en https://dialnet.unirioja.es/ejemplar/254703

Gómez, María Magdalena (2015). "La Suprema Corte de Justicia y Los Pueblos indígenas: tendencias y desafíos frente al nuevo Paradigma en derechos humanos. Los pueblos indígenas y la Constitución de 1917: una revalorización del pasado hacia el presente", Suprema Corte de Justicia de la Nación, México.

Leyva, Xóchitl; Lola Cubells y Junia Trigueiro (Coords.) (2021). "Sistemas normativos y prácticas autonómicas del pueblo tseltal de Chilón y Sitalá"; CLACSO.

Sierra, María T., Rosalva Aída Hernández y Rachel Sieder (editoras) (2013). "Justicia indígena y Estado. Violencias contemporáneas". FLACSO México y CIESAS (coedición), México.

Sierra, María T., Victoria Chenaut, Magdalena Gómez y Héctor Ortiz (coords) (2011). "Justicia y diversidad en América Latina. Pueblos indígenas ante la globalización", CIESAS y FLACSO Ecuador.

Democracia material y género para México

MTRA. GILDA FLORES BUENFIL

RESUMEN: El reconocimiento al derecho a la igualdad material es producto de una lucha histórica de ciertos sectores sociales a los que el constitucionalismo liberal dejo de lado. Estas reivindicaciones fueron incorporándose en las constituciones, de manera que el Estado ya no solo debe realizar meras abstenciones para respetar los derechos fundamentales, si no que, ahora, debe realizar acciones positivas que permitan que los grupos rezagados puedan obtener las mismas condiciones de desarrollar el plan de vida que decidan adoptar. Para lograr esto, el Estado debe de remover los obstáculos que impidan o dificulten el ejercicio pleno de los derechos de todas las personas, mediante la adopción de determinadas políticas públicas. El feminismo se enmarca en el agravio histórico que han sufrido las mujeres, destinadas a un papel secundario en la sociedad, al ámbito privado y al cuidado. En este sentido, el Estado Mexicano debe adoptar medidas que permitan a las mujeres tener una vida digna. Sin embargo, se observa que, a pesar de ese mandato constitucional, la situación de la mujer no mejora, sino que incluso existe más hostilidad hacia ellas, por lo que este trabajo se propone evaluar determinadas políticas del Estado mexicano, para determinar si en efecto existe un esfuerzo por parte de éste para lograr una igualdad material por parte de las mexicanas.

Palabras clave: Derechos Humanos, Democracia, Género, Igualdad, Violencia, Feminicidio, Dignidad Humana, Derecho Constitucional.

I. INTRODUCCIÓN

Como quiera que se defina a la democracia, ésta siempre implica un principio de igualdad aceptado como legítimo por el conjunto de la sociedad, o al menos por una mayoría significativa de ella. Esta sería una noción de una de democracia paritaria, como señala Campos Rubio (2020, p. 48) "producir un nuevo pacto, el de la democracia paritaria que propone una nueva concepción de la universalidad no androcéntrica que incluya a las mujeres, una nueva concepción de los DDHH que permitan la existencia los derechos humanos de las mujeres y políticas públicas de igualdad de mujeres y hombres".

Luigi Ferrajoli (1999 y 2014) menciona que la democracia debe entenderse desde dos dimensiones. La primera es la dimensión procedimental de la democracia, que se define como el quién y cómo se puede decidir.

Mientras que la dimensión sustancial implica qué se debe decidir y qué no se puede decidir, pues los derechos fundamentales se traducen en mandatos positivos o negativos para las mayorías que acceden al poder, de modo que estas no pueden dejar de hacer lo que los derechos prestacionales exigen.

En este sentido, existe un mandato previsto en el artículo 1° de la Constitución Federal de que el Estado remueva los obstáculos que impiden a ciertos grupos excluidos puedan lograr la igualdad de condiciones, y, por tanto, una vida digna, ya que, la igualdad es un derecho fundamental que se traduce, de acuerdo con la dimensión material de la democracia, en un mandato positivo para las mayorías de igualar las condiciones de grupos estructuralmente discriminados. Así, señala Sartori (2007) que la mayoría no puede sobrepasar ciertos límites.

En este sentido, debe partirse de una concepción material de la igualdad, es decir, no meramente formal (en ley y ante la ley), sino como una auténtica equiparación de situaciones entre sujeto que no se encuentran en una misma posición fáctica.

La Suprema Corte de Justicia de la Nación ha distinguido entre igualdad formal e igualdad material[1], siendo la primera la clásica concepción de

---

1 DERECHO HUMANO A LA IGUALDAD JURÍDICA. DIFERENCIAS ENTRE SUS MODALIDADES CONCEPTUALES.- El citado derecho humano, como principio adjetivo, se configura por distintas facetas que, aunque son interdependientes y complementarias entre sí, pueden distinguirse conceptualmente en dos modalidades: 1) la igualdad formal o de derecho; y, 2) la igualdad sustantiva o de hecho. La primera es una protección contra distinciones o tratos arbitrarios y se compone a su vez de la igualdad ante la ley, como uniformidad en la aplicación de la norma jurídica por parte de todas las autoridades, e igualdad en la norma jurídica, que va dirigida a la autoridad materialmente legislativa y que consiste en el control del contenido de las normas a fin de evitar diferenciaciones legislativas sin justificación constitucional o violatorias del principio de proporcionalidad en sentido amplio. Las violaciones a esta faceta del principio de igualdad jurídica dan lugar a actos discriminatorios directos, cuando la distinción en la aplicación o en la norma obedece explícitamente a un factor prohibido o no justificado constitucionalmente, o a actos discriminatorios indirectos, que se dan cuando la aplicación de la norma o su contenido es aparentemente neutra, pero el efecto o su resultado conlleva a una diferenciación o exclusión desproporcionada de cierto grupo social, sin que exista una justificación objetiva para ello. Por su parte, la segunda modalidad (igualdad sustantiva o de hecho) radica en alcanzar una paridad de oportunidades en el goce y ejercicio real y efectivo de los derechos humanos de todas las personas, lo que conlleva que en algunos casos sea necesario

remover y/o disminuir los obstáculos sociales, políticos, culturales, económicos o de cualquier otra índole que impidan a los integrantes de ciertos grupos sociales vulnerables gozar y ejercer tales derechos. Por ello, la violación a este principio surge cuando existe una discriminación estructural en contra de un grupo social o sus integrantes individualmente considerados y la autoridad no lleva a cabo las acciones necesarias para eliminar y/o revertir tal situación; además, su violación también puede reflejarse en omisiones, en una desproporcionada aplicación de la ley o en un efecto adverso y desproporcional de cierto contenido normativo en contra de un grupo social relevante o de sus integrantes, con la diferencia de que, respecto a la igualdad formal, los elementos para verificar la violación dependerán de las características del propio grupo y la existencia acreditada de la discriminación estructural y/o sistemática. Por lo tanto, la omisión en la realización o adopción de acciones podrá dar lugar a que el gobernado demande su cumplimiento, por ejemplo, a través de la vía jurisdiccional; sin embargo, la condición para que prospere tal demanda será que la persona en cuestión pertenezca a un grupo social que sufra o haya sufrido una discriminación estructural y sistemática, y que la autoridad se encuentre efectivamente obligada a tomar determinadas acciones a favor del grupo y en posibilidad real de llevar a cabo las medidas tendentes a alcanzar la igualdad de hecho, valorando a su vez el amplio margen de apreciación del legislador, si es el caso; de ahí que tal situación deberá ser argumentada y probada por las partes o, en su caso, el juez podrá justificarla o identificarla a partir de medidas para mejor proveer. 1a./J. 126/2017 (10a.), Gaceta del Semanario Judicial de la Federación, Décima Época, Libro 49, diciembre de 2017, Tomo I, p. 119.
DERECHO HUMANO A LA IGUALDAD JURÍDICA. CONTENIDO Y ALCANCES DE SU DIMENSIÓN SUSTANTIVA O DE HECHO.- Esta modalidad del principio constitucional de igualdad jurídica impone a las distintas autoridades del Estado la obligación de llevar a cabo ciertos actos que tiendan a obtener una correspondencia de oportunidades entre distintos grupos sociales y sus integrantes y el resto de la población; por ende, se cumple a través de una serie de medidas de carácter administrativo, legislativo o de cualquier otra índole que tengan como finalidad evitar que se siga produciendo una diferenciación injustificada o discriminación sistemática o que se reviertan los efectos de la marginación histórica y/o estructural de un grupo social relevante. A estas medidas se les pueden catalogar como acciones positivas o de igualación positiva. Ejemplos de las primeras pueden ser ciertas políticas públicas que tengan como sujetos a las mujeres o a las personas con algún grado de discapacidad y que busquen otorgarles bienes o servicios adicionales para que alcancen un mismo grado de oportunidades para el ejercicio de sus derechos; mientras que ejemplos de las segundas consisten en las cuotas o los actos específicos de discriminación inversa en favor de una persona que pertenezca a un determinado grupo social. En algunos de esos casos, se dará formalmente un trato desigual de iure o de facto respecto de otras personas o grupos, pero el mismo deberá estar justificado precisamente por la consecución de la igualdad de hecho y tendrá que cumplir con criterios de proporcionalidad. Con

la igualdad ante y en la ley, que se refiere a la prohibición de tratos diferenciados en la aplicación de la ley, así como en los supuestos abstractos previstos en la norma. Mientras que la igualdad material conlleva la necesidad de remover obstáculos, de cualquier índole, que impiden el ejercicio real y efectivo de los derechos fundamentales de todas las personas, en especial de grupos vulnerables.

En este sentido, refiere la Corte que se viola el principio de igualdad material cuando el Estado no realiza acciones tendentes a lograr revertir la situación estructural desventajosa. Las acciones que debe tomar el Estado para lograr la plena igualdad de las personas se traducen en medidas administrativas, legislativas, o de cualquier otro carácter que tenga como misión evitar que se sigan generado situaciones estructurales de desventaja para ciertos grupos.

Por lo anterior, es necesario tomar en cuenta el modo en que las distintas modalidades de existencia, entre ellas las vinculadas con el género, condicionan la efectiva vigencia del principio de igualdad.

Posiblemente hasta las constituciones o leyes mejor redactadas no pueden cambiar la vida de las personas por sí mismas. Numerosos obstáculos, legislativos, administrativos, inercias, resistencias, desigualdades económicas, culturales y sociales, así como el desequilibrio de poder en el gobierno y la sociedad, deben ser primeramente superados antes de que las palabras que se plasman en una Constitución o en las leyes se conviertan en herra-

---

base en lo anterior, se estima que no existe una lista exhaustiva o definitiva sobre las medidas que puedan llevarse a cabo para la obtención de la igualdad de hecho; dependerá tanto de las circunstancias fácticas, sociales, económicas, culturales, políticas o jurídicas que imperen al momento de tomarse la decisión, como de la entidad o autoridad que vaya a llevar a cabo la medida correspondiente con un amplio margen de apreciación. Sin embargo, lo que es común a todos estos tipos de medidas es que buscan conferir un mismo nivel de oportunidades para el goce y ejercicio de los derechos humanos de los miembros de ciertos grupos sociales, los cuales se caracterizan por ser o haber sido objeto de una discriminación o exclusión recurrente y sistemática. Estos grupos se definen por su existencia objetiva e identidad colectiva, así como por su situación de subordinación y poder político disminuido frente a otros grupos; no obstante, aunque no existe una delimitación exhaustiva de tales grupos sociales relevantes para la aplicación de esta faceta del principio de igualdad, el artículo 1o., último párrafo, de la Constitución Federal, ha establecido distintas categorías sospechosas que sirven como punto de partida para su identificación. 1a. XLIII/2014 (10a.), Gaceta del Semanario Judicial de la Federación, Décima Época, Libro 3, febrero de 2014, Tomo I, p. 644.

mientas significativas para un cambio en nuestra sociedad. Es por este motivo, que para evitar que la Constitución quede en letra muerta, el Estado debe tomar acciones, pues, como se ha mencionado, los obstáculos deben ser removidos mediante medidas adoptadas por la autoridad, en este caso, para disminuir la brecha de género.

La periodista Nayelli Roldán (2022) plantea como destino inevitable que cuando naces mexicana y tu acta de nacimiento registra sexo femenino es el prefacio al relato de una vida llena de violencia. Puede parafrasearse esa imponente afirmación preguntándose si nacer mexicana es ya de facto la renuncia, en ocasiones explícita y en muchos otros implícita, a los derechos a la vida, a ser feliz, a ser libre, a la salud, a una vida libre de violencia, a no sufrir discriminación, a expresarse, a tener igualdad de condiciones, a decidir sobre su vida sexual y reproductiva, a la vida política y pública, etc.

De esta misma autora, se desprenden algunas situaciones o historias que pueden ligarse, a manera de ejemplo, para explicar cómo el ejercicio pleno de los derechos para las mujeres se limita por un Estado omiso en sus obligaciones de respetar, proteger, garantizar y promover los derechos humanos de las mujeres, en especial, el derecho a una vida libre de violencia.

Ante este escenario, resulta pertinente estudiar si el Estado mexicano ha cumplido con su obligación de promover la igualdad material de las mujeres mexicanas, abordando diversas políticas públicas que, a mi parecer, constituyen aspectos sensibles de la lucha de las mujeres por mejores condiciones de vida, como son el trabajo no remunerado, la violencia feminicida, los programas sociales a favor de la mujer, entre otros. Por comprender lo anterior, es necesario conocer la evolución del feminismo, para entender las reivindicaciones históricas de las mujeres por obtener igualdad de oportunidades que los hombres, ya que estas políticas no son fruto de una generación espontánea, sino de un largo proceso de lucha que continua hasta la fecha.

II. EL FEMINISMO

El feminismo es un movimiento que ha ido luchando poco a poco por reivindicar las mismas oportunidades para las mujeres que las que tienen los varones y por eliminar los prejuicios que pesan sobre ellas. En su primera ola (s. XVIII-XIX) se buscaba superar los prejuicios que consideraban a la mujer inferior. Este pensamiento procedía, en un principio, de las concepciones religiosas; Eva había cometido el pecado que había desterrado a los seres humanos del paraíso, y, como redención, debía sufrir los malos tratos del hombre (Valcárcel, 2019). Posteriormente, prevaleció el pensamiento aristotélico que consideraba que la naturaleza buscaba la perfección, lo masculino, y todo lo demás, lo femenino, era despreciable (Valcárcel, 2019).

Lo que buscó esta primera ola del feminismo fue la eliminación de los prejuicios, al entender que la desigualdad que sufrían las mujeres era una política que podía y debía cambiarse. Dentro de esta primera ola, Olimpe de Gouges redactó la Declaración de los Derechos de la Mujer y la Ciudadana, un reclamo al pensamiento ilustrado que se había olvidado de las mujeres como sujetos de derechos.

La segunda ola del movimiento se da en el marco de las grandes codificaciones (Segunda mitad del s. XIX y primer tercio del s. XX), como reflejo de la Ilustración en el derecho, mediante su racionalización en normas. En estos códigos las mujeres quedaban relegadas a ser menores de edad perpetuos (Ruiz Miguel, 2020). Así, se entiende:

> Que una mujer no es propietaria ni del salario que gana, que para poder obtenerlo, trabajar, ha de solicitar permiso, igual que para cobrarlo. Que si tiene alguna propiedad, cuando la propiedad es definida como el derecho al derecho, la posee pero se la declara incapaz de administrarla. Que no puede abandonar la casa paterna, ni la de su marido si lo tiene, al que tiene también el deber de seguir allá donde guste de instalarse. Que no puede disponer de su preferencia, si es que fuera tan afortunada de tener una. Que no puede instruirse ni entrar en la enseñanza regulada y admitidas; ni bachiller ni mucho menos universidad o nuevas escuelas técnicas. No es nada, no es nadie. Si tiene hijos, tiene el deber absoluto de atenderlos, pero no posee la patria potestad. Su marido puede incluso darlos en adopción sin consultarla. No puedo ir ni escapar del maltrato si lo hubiere. Si es infiel, puede ser asesinada sin culpa por su marido o quizás sus hijos. O encerrar en prisión por adulterio. Todas las profesiones no serviles les están cerradas, sean cuales sean sus méritos o capacidades. Si queda embarazada soltera, se convierte en una pérdida; si se le ocurre abortar, es una infanticida" (Valcárcel, 2019, pp. 50-51).

La segunda ola, conocida como el sufragismo, buscaba derechos políticos, civiles, educativos, resultandos primordiales los últimos, pues al decir de Valcárcel (2019), estos representan la principal causa para no acceder a los demás, ya que consideraban a las mujeres poco preparadas para poder acceder a los demás derechos. La lucha no fue fácil, y en un principio solo se les ofreció acceso a profesiones relacionadas con el cuidado, tales como, la enfermería y la educación.

Finalmente, la tercera ola (Segunda mitad del S.XX y comienzos del S.XXI) reivindica los denominados derechos sexuales y reproductivos, así como la paridad en el acceso a cargos de elección popular (Valcárcel, 2019). Se trata de años de lucha que, sin embargo, no concluyen, pues el entorno hostil en contra de las mujeres continúa.

Sin embargo, el movimiento por la igualdad de las mujeres también cuenta con críticas al interior. Por ejemplo, Bell Hooks (2017) crítica que el movimiento feminista se enfocó en lograr el mejoramiento de las condiciones de las mujeres blancas, descuidando a aquellas que no cumplían con esa condición. De manera que el movimiento feminista se amoldó al sistema capitalista patriarcal, pues a los hombres blancos no les parecía del todo mal permitir que las mujeres blancas accedieran a ciertos beneficios, a cambio de mantener el sistema que les beneficiaba.

Me parece interesante esta posición, pues el feminismo debe ser un movimiento que reivindique la igualdad de todas las mujeres sin importar su raza, condición socioeconómica, preferencia sexual, credo, etc. La violencia y la desigualdad la sufren todas las mujeres sin distinción, por lo que la unidad es medio más importante para lograr cambios estructurales como los que necesita México.

III. LAS MUJERES CUIDAN

Una vez que ha quedado claro que el papel de la mujer siempre estructuralmente adverso, hagamos énfasis en el tema del trabajo de cuidados, este trabajo que sostiene la vida, este trabajo que no ha querido ser reconocido, quizá porque así conviene. Este trabajo que se agravó durante la pandemia del Covid 19 pues muchas mujeres tenían que sostener escuela, casa, trabajo y que mientras el mundo allá afuera se detenía, adentro de las casas se multiplicó[2].

De acuerdo con la CEPAL (2021), como resultado de la pandemia de COVID 19, la tasa de desocupación de las mujeres en la región de América Latina y el Caribe se incrementó al 22,2%. Lo anterior debido a que se registró una contundente salida de mujeres de la fuerza laboral, quienes, por

---

2 De acuerdo con el Foro Económico Mundial (2021) la brecha laboral entre hombres y mujeres se ha incrementado con motivo de la pandemia de COVID 19. Según el Foro Económico Mundial la brecha económica de género se incrementó entre un 1 y un 4 por ciento de lo habitual.

tener que atender las demandas de cuidados en sus hogares, no retomaron la búsqueda de empleo.

En México la situación no ha sido distinta, la exclusión laboral antes de la pandemia tenía de acuerdo con Nayelli Roldán (2021) rostro de mujer, de los 7.1 millones de personas que no tenían trabajo —y lo estaban buscando— 75%, es decir. 5.4 millones, eran mujeres. Esto es, por cada hombre excluido del trabajo, había tres mujeres en esa situación. Para el tercer trimestre de 2020, la exclusión del mercado laboral ascendió a 8.7 millones, 1.6 millones más que antes de la pandemia. De este total, casi un millón de nuevas desempleadas eran mujeres.

Las razones que dieron las mujeres excluidas del mercado laboral estaban relacionadas con el género: no tener permiso de su pareja, el embarazo y el cuidado de los hijos o personas dependientes; mientras que, en los hombres, las razones de la desocupación se debieron al poco sueldo, falta de conocimientos, habilidades y la edad (Roldán, 2021).

De acuerdo con el INEGI (S.F.), desde el primer trimestre de 2020 y con corte al tercer trimestre de 2022, la tasa de ocupación siempre ha sido superior en el caso de los varones.

Tabla 1[3]. Porcentaje de personas ocupadas por sexo desde el primer trimestre de 2020 al tercer trimestre de 2022.

Periodo de Encuesta	Total de población ocupada	Hombres	Mujeres
Tercer trimestre del 2022	57,440,441	34,632,039 60.29%	22,808,402 39.70%
Segundo trimestre del 2022	57,420,677	34,528,782 60.13%	22,891,895 39.86%
Primer trimestre del 2022	56,079,123	33,997,934 60.62%	22,081,189 39.37%
Cuarto trimestre del 2021	56,611,211	34,289,260 60.56%	22,321,951 39.43%
Tercer trimestre del 2021	55,836,230	34,000,830 60.89%	21,835,400 39.10%
Segundo trimestre del 2021	55,242,748	33,577,390 60.78%	21,665,358 39.21%

3 Tabla de elaboración propia con datos de la Encuesta Nacional de Ocupación y Empleo del INEGI.

Periodo de Encuesta	Total de población ocupada	Hombres	Mujeres
Primer trimestre del 2021	52,973,270	32,671,161 61.67%	20,302,109 38.90%
Cuarto trimestre del 2020	53,124,071	32,457,256 61.09%	20,666,815 37.76%
Tercer trimestre del 2020	50,810,713	31,620,116 62.23%	19,190,597 37.76%
Primer trimestre del 2020	55,058,450	33,275,583 60.43%	21,782,867 39.56%

Otro aspecto importante, son las labores domésticas, aspecto no remunerado que, de acuerdo con los nuevos modelos de familia, la mujer desempeña principalmente, pues aparte de ser una de las principales proveedoras económicas, tiene a su cargo las labores de cuidados y esto implica que sean ellas quienes lleven a cuestas el sostén de las familias, ligado a su propio cuidado y al de otros y a su propio deterioro como mujeres que envejecen (Rolda, 2021).

De acuerdo con Roldan (2021), en México 90 millones de personas mayores de 12 años realizan trabajos domésticos y de cuidados en sus hogares sin recibir remuneración. Del total de horas que se dedican a los cuidados de los miembros del hogar, 71% son realizados por mujeres.

Con estos datos, vale la pena preguntar: ¿Se puede medir el valor del trabajo de cuidado realizado por mujeres que por siglos fue invisibilizado? En México el trabajo de cuidados no remunerado equivale a 27.6% del PIB, esto es, 6.4 billones de pesos, según la última cuenta satélite del Trabajo No Remunerado de los Hogares de México del 3 de diciembre de 2021 del INEGI. De este monto, las mujeres contribuyeron con 73.3%, mientras que los hombres lo hicieron con 26.7%, es decir, las mujeres aportaron 2.7 veces más valor económico que los hombres. El trabajo de cuidados supera cualquier otra actividad económica del país. Por ejemplo, el sector comercio aporta el 18.6% del PIB; la industria manufacturera, 17.3%; servicios inmobiliarios, 9.7%, y construcción, 7.1% (INEGI, 2021).

Las actividades que presentan la mayor contribución al valor económico del trabajo no remunerado de los hogares corresponden a los cuidados y apoyo con 27.9%, seguido de la actividad de proporcionar alimentos con 21.8% y las actividades de limpieza y mantenimiento de la vivienda que contribuyen con 20.7% por ciento. (INEGI, 2021).

Cada mujer realizó trabajo no remunerado en labores domésticas y de cuidados equivalentes a 69 128 pesos anuales, mientras que cada hombre realizó actividades similares equivalentes a 27 175 pesos (INEGI, 2021.)

Como puede apreciarse las labores domésticas y de cuidados se encuentran asociados a las mujeres, por esta razón, tienen mayor prevalencia en su desempeño, no contando con una debida retribución, además de que provoca que las mujeres descuiden o no logren desarrollar adecuadamente su vida profesional o laboral. Lo anterior es muestra de la consideración de inferioridad que se les atribuye a las mujeres, pues si un trabajo se considera inferior, la retribución que se le asigna va en ese sentido. Por lo que cabe cuestionarse ¿Qué está haciendo el Estado mexicano para lograr mayor inclusión laboral de las mujeres, o bien, para lograr una retribución del trabajo doméstico?; los datos demuestran la omisión de México de logar igualdad de condiciones laborales en nuestro país.

Aunado a lo anterior, faltan políticas de igualdad material que permitan democratizar el ámbito privado/familiar, ya que aparte de que a las mujeres el entorno social no les ha sido permitido alcanzar una inclusión laborar suficiente, en el hogar existe una desproporción en su contra. Además, las mujeres que tienen la oportunidad de salir a trabajar encuentran en su hogar el trabajo doméstico, lo que provoca una doble jornada, una de las cuales no es remunerada[4].

---

[4] Por ejemplo, el Poder Judicial Federal, ha establecido jurisprudencia reconociendo una pensión compensatoria para el cónyuge que durante el matrimonio se dedicó preponderantemente al cuidado del hogar, impidiendo desarrollar una carrera profesional, adquirir menos bienes que el otro cónyuge o no adquirir bienes. DIVORCIO. COMPENSACIÓN EN CASO DE. INTERPRETACIÓN DE LA FRACCIÓN VI DEL ARTÍCULO 267 DEL CÓDIGO CIVIL PARA EL DISTRITO FEDERAL, VIGENTE DEL 4 DE OCTUBRE DE 2008 AL 24 DE JUNIO DE 2011. La finalidad del mecanismo compensatorio previsto en el artículo 267 del Código Civil para el Distrito Federal, vigente del 4 de octubre de 2008 al 24 de junio de 2011, **es corregir situaciones de enriquecimiento y empobrecimiento injustos derivadas de que uno de los cónyuges asuma las cargas domésticas y familiares en mayor medida que el otro**. A partir de esa premisa originada de la interpretación teleológica de la norma se obtiene que, cuando la disposición citada establece los supuestos en que debe operar la compensación, el elemento común e indispensable es que el cónyuge solicitante se haya dedicado a las labores domésticas y de cuidado, en detrimento de sus posibilidades de desarrollarse con igual tiempo, intensidad y diligencia en una actividad en el mercado laboral convencional. Así, al disolver un matrimonio celebrado bajo el régimen de separación de bienes, tendrá derecho a exigir la compensación hasta en un 50% de los bienes de su

IV. SIN PRESUPUESTO DE GÉNERO

Resulta ilustrativo de la omisión del Estado Mexicano a lograr una igualdad material de hombres y mujeres el presupuesto público y cómo se decide gastar el mismo. Hay violencias de distintos tipos, por supuesto la extrema es el feminicidio, pero también hay violencias desde el Estado, lo cual sucede cuando el Estado niega políticas públicas que se dedican a resolver cosas en específico hacia las mujeres. El Estado mexicano ha ido recortando y cancelando los recursos de distintos programas, el ejemplo más representativo son las estancias infantiles, eran importantes porque estaban enfocadas a las mujeres vulnerables, a las que no tenían ningún tipo de prestación y que el servicio de estancias era la única posibilidad para que sus hijos estuvieran bien cuidados y que ellas pudieran salir a trabajar, esto implicó un golpe para miles de mujeres con alcances insospechados en el desarrollo de la autonomía económica de las mujeres que son madres. La ecuación es muy simple: una madre soltera necesita trabajar para sostener a sus hijos, pero no puede llevarlos a trabajar con ella; las estancias infantiles son determinantes para que este sistema de supervivencia y generación de recursos se sostenga[5].

La de las estancias infantiles era una batalla que ya se había ganado, bien, mal, regular, probablemente había mucho que mejorar a las estancias infantiles, pero de ahí a decidir cerrar esa posibilidad hay un trecho enorme. Se tomó la decisión de eliminar una política pública que beneficiaba a las mujeres y que además se realizó sin ningún sustento, es decir, se había dicho que se trataba de corrupción, pero no hay pruebas hasta este momento de ello.

Los derechos humanos se traducen en expectativas tanto positivas como negativas, por lo que el Estado tiene la obligación de realizar abstenciones a la esfera jurídica de las personas, así como actuar cuando es necesario

---

contraparte, el cónyuge que se haya dedicado al desempeño del trabajo del hogar y, en su caso, al cuidado de los hijos, sufriendo con ello un perjuicio patrimonial tal que, en consecuencia, 1) **no haya adquirido bienes, o 2) haya adquirido notoriamente menos bienes que el otro cónyuge que sí pudo desempeñarse en una actividad remuneratoria**. Corresponderá al juez en cada caso, según lo alegado y probado, estimar el monto de la compensación con el objeto de resarcir el perjuicio económico causado. 1a./J. 54/2012 (10a.), Semanario Judicial de la Federación y su Gaceta, Décima Época, Libro VIII, mayo de 2012, Tomo 1, p. 716.

5 De acuerdo con Torres (2020) en un país dónde el 56.6% de las mujeres económicamente activas no tiene acceso a un sistema de seguridad social, el Programa de Estancias Infantiles, llenaba un vació importante.

equiparar situaciones de facto dispares (Ferrajoli, 1999). En este sentido, el Estado mexicano debe de equilibrar la posición desfavorable que guardan las mujeres, pues, como se ha señalado, se le ha asignado históricamente el papel de cuidado, lo que las obliga a realizar, aparte de sus labores profesiones, labores domésticas que les imposibilita en muchas ocasiones a tener una vida profesional exitosa.

Por lo que la eliminación de las estancias no contribuye a la satisfacción de la igualdad material de hombres y mujeres, pues las coloca en una situación desventajosa, ya que la estructura social desfavorable que pesa en su contra les impide poder desarrollarse plenamente.

Para seguir ejemplificando el desmantelamiento presupuestal, de acuerdo con Publimetro (S.F.) de acuerdo con un comparativo entre los Presupuestos de la Federación de 2019 y 2020 hubo una disminución de casi 2 mil millones de pesos en planes para la equidad de género, protección de derechos humanos y prevención de la discriminación.

Si una política pública no está en el presupuesto, en realidad no interesa, solamente queda en demagogia y eso es lo que ha pasado con los programas focalizados en las mujeres, inclusive aquellos con la responsabilidad de investigar violencia de género. En 2020 recortaron en 73% el presupuesto para investigar delitos en contra de las mujeres[6]. ¿Cómo explicar esa decisión en un país tan violento contra las mujeres? De acuerdo con la Encuesta Nacional sobre la Dinámica de las Relaciones en los Hogares del INEGI (2021), el 70.1% de mujeres encuestadas ha sufrido algún tipo de violencia, siendo sexual el 49.7% y física el 34.7%.

En este sentido, la referida encuesta ha reportado un incremento de la violencia sufrida por las mujeres, pues en 2016 se reportaba un 66.1 % de violencia, lo que implica un aumento del 4 %.

Por lo anterior, surge la interrogante ¿Al Estado mexicano le interesa la vida de las mujeres? Los datos observados arrojan un retroceso en el ejercicio de los derechos de la mujer, pues los programas sociales que en cierta medida apoyaban a lograr cierta equiparación de condiciones y a disminuir la violencia han ido disminuyendo. Además, la violencia que sufren no ha cesado, por el contrario, ha ido en incremento, lo que genera un fuerte cuestionamiento frente a los recortes realizados para la investigación de delitos de género.

---

6 Datos obtenidos de Animal Político (S.F.)

Ahora bien, considero que la tendencia al alza en la violencia de género ha sido derivada a la impunidad de los perpetradores. En este sentido, desolador y desesperante ver cómo la curva de feminicidios crece y crece desde los últimos 20 años por más políticas públicas, aprobaciones de leyes y asociaciones dedicadas a tratar de detenerlos. ¿Por qué no logramos que la tendencia cambie? Impunidad. De nuevo, los hombres violentan a sus mujeres porque no existe sanción para el responsable[7].

V. FEMINICIDIOS

El Estado mexicano ha firmado y ratificado la Convención Interamericana para Prevenir, Sancionar y Erradicar la violencia contra las Mujeres, Convención de Belem do Para. En esta se establece en su artículo 3 que toda mujer tiene derecho a una vida libre de violencia, tanto en el ámbito público como en el privado. Por su parte en el artículo 7 se señala la obligación de los estados parte de adoptar políticas públicas orientadas a erradicar la violencia.

Sin embargo, entre 2020 y octubre 2022, con datos del Secretariado del Sistema Nacional de Seguridad Pública (S.F.) se han registrado 2701 presuntos feminicidios, tendiendo una tendencia al alza. El problema es que no todos los asesinatos de mujeres se tipifican como feminicidio y se quedan en un limbo encubierto por las negligencias de las autoridades investigadoras[8].

El feminicidio es la demostración extrema de la violencia machista y, aún muertas, el Estado invisibiliza a las mujeres. ¿Por qué entonces hay más rabia por paredes pintadas que por una mujer asesinada? Resulta interesante explorar, pensar por qué las mujeres están destrozando símbolos o tomando edificios: es el Estado el que detona la violencia popular, y no al revés. Son las mujeres contradiciendo el canon de la fragilidad, de la feminidad, poniendo el cuerpo como arma desafiante.

---

7 Por ejemplo, Mexicanos Contra La Corrupción y La Impunidad (2020) realizó un estudio periodístico en el que determinó que en el sexenio pasado, de los 2,056 asesinatos de mujeres que cumplían con las características para ser considerados feminicidio, y solo hubo 739 condenas.

8 Mexicanos Contra La Corrupción y La Impunidad (2020) reporta que en el pasado sexenio hubo 2,646 homicidios de mujeres que cumplían con las condiciones para ser considerados feminicidios y no fueron tipificados como tal.

VI. QUE TIEMBLE EL ESTADO

Así dice una canción de Vivir Quintana "Canción sin miedo". Las mujeres saben que pueden hacer temblar a este país. Como lo demostraron el 08 de marzo de 2020, cuando inundaron las calles marchando por el Día Internacional de la Mujer: se habla de entre 80,000 y 250,000 mujeres que se congregaron para protestar frente a las omisiones del Estado mexicano para lograr una igualdad material, sobre todo una vida libre de violencia.

En esta marcha protestaron mujeres de todas las edades, contextos sociales, núcleos que unían a diversas generaciones, abuelas, madres, hijas. Con esa marcha se hizo transversal la conversación sobre la violencia de género. Al día siguiente decidieron parar y convertir al país en un día sin mujeres, habiendo una respuesta significativa.

Fue a partir de esa fecha que se tomó mayor conciencia sobre la situación de las mujeres; el tiempo de tolerancia llegó a su límite, luego de años de incremento de violencia en contra de las mujeres y sobre ante una respuesta siempre pobre o quizá hasta indiferente del Estado, como se ha visto en los datos presentados.

En los últimos 20 años no ha habido gobierno que se haya hecho cargo de la crisis humanitaria que están viviendo las mujeres. "Se mata a las mujeres en la cara de la gente", esto es mucho más que una consigna para salir a marchar es más bien un resumen escalofriante de lo que está sucediendo.

La rabia y la marcha se entiende en el contexto de 94,447 mujeres desparecidas desde 2006 y 2022 (Registro Nacional de Personas Desaparecidas, S.F.), con una tendencia al alza desde 2013 que no ha podido ser revertida. Aunado a que desde el año 2015 los feminicidios han crecido de forma sostenida, como se observa en la tabla correspondiente. Esto convoca a las mujeres, que exigen que el Estado cumpla con sus obligaciones constitucionales, adoptando las medidas necesarias para lograr la igualdad material.

Tabla 2[9]. Presuntos Feminicidios cometidos desde el año 2015 hasta el año 2022

Año	Presuntos Feminicidios
2015	412
2016	607
2017	742
2018	898
2019	942
2020	946
2021	978
2022	777

Tabla 3[10]. Mujeres desaparecidas desde 2006 hasta 2022

Año	Mujeres Desaparecidas
2006	252
2007	1,455
2008	1,311
2009	1,946
2010	2,245
2011	4,073
2012	4,248
2013	8,205
2014	8,544
2015	6,368
2016	6,553
2017	7,020
2018	6,589

9 Tabla de elaboración propia con base en los datos del Secretariado Ejecutivo del Sistema Nacional de Seguridad Pública.

10 Tabla Elaborada con datos del Registro Nacional de Personas Desaparecidas (S.F.)

Año	Mujeres Desaparecidas
2019	8,770
2020	9,252
2021	9,007
2022	8,639
Total	94,477

La pandemia del Covid 19 detuvo el impulso de aquella marcha de marzo de 2020; sin embargo, han surgido otras formas de organización, en forma de brigadas que intervienen en espacios públicos, como la toma de las instalaciones de la Comisión Nacional de Derechos Humanos por un grupo de madres de hijas desaparecidas, y desde 2019, la aparición de la tromba del #MeToo para denunciar en redes sociales a hombres abusadores en el mundo editorial, académico, del cine, de la publicidad, etc.

En uno u otro frente de batalla el mensaje está claro: las mujeres se tienen unas a las otras y saben que para cambiar este sistema patriarcal, violento y feminicida necesitan estar juntas y organizadas.

VII. CONCLUSIÓN

Las mujeres históricamente han sufrido una desigualdad estructural por el hecho de su género. El feminismo es un movimiento de lucha constante por lograr la igualdad material que tanto ha costado conseguir. Sin embargo, a pesar de que se han logrado el reconocimiento de ciertos derechos, la igualdad plena no se ha conseguido.

Derivado de luchas histórica, como el feminismo, es que diversas constituciones han reconocido la obligación del Estado de impulsar acciones que permitan generar igualdad de oportunidades que posibiliten a cualquier persona lograr su proyecto de vida[11]. En el caso de México, encon-

11 Este es el caso del constitucionalismo social, mismo que surge posterior a la segunda guerra mundial; por ejemplo la Constitución Española, en su artículo 9.2, establece "Corresponde a los poderes públicos promover las condiciones para que la libertad y la igualdad del individuo y de los grupos en que se integra sean reales y efectivas; remover los obstáculos que impidan o dificulten su plenitud y facilitar la participación de todos los ciudadanos en la vida política, económica, cultural y social".

tramos en la jurisprudencia de la Suprema Corte el reconocimiento de la igualdad material. Adicionalmente, conforme al artículo 1° de la Constitución Federal, el Estado tiene la obligación de respetar, proteger, garantizar y promover los derechos humanos.

Sin embargo, a pesar de dichas obligaciones constitucionales, encontramos que siguen pesando en contra de las mujeres un entorno hostil que impide que tengan una vida digna. En nuestro país la violencia machista no cesa, y el Estado no ha logrado que disminuya, todo lo contrario, como se ha podido apreciar en el texto, se ha ido incrementando, hasta el punto de que las mujeres han decidido salir a las calles a realizar pintas o vandalizar monumentos y edificios públicos para que el Estado y la sociedad reaccionen. Adicionalmente, la impunidad por negligencia de la autoridad, que abunda en delitos de violencia en contra de las mujeres no contribuye a que la situación mejore.

Aunque no solo la violencia feminicida es la que se encuentra presente en nuestro país, también existe la violencia presupuestaria. Encontramos un Estado indiferente y omiso a sus obligaciones ante la situación estructural tan desventajosa de la mujer, lo que se demuestra en los recortes a los programas sociales que tienden a lograr cierto equilibrio social o que permiten que la mujer alcance una vida libre de violencia.

En este sentido, nuestro país aspira a consolidarse como una democracia consolidada, en la que exista un auténtico Estado de derecho, en el que se respeten los derechos de todas las personas. Para que esto suceda el Estado Mexicano debe implementar políticas eficaces que erradiquen la desigualad; no obstante, se visualiza un retroceso en los derechos de la mujer.

Finalmente, considero que para lograr el cambio es necesario modificar estructuralmente la mentalidad de los mexicanos. La educación se convierte en un elemento clave para ir deconstruyendo los estereotipos machistas que provocan el desprecio por lo femenino y la violencia de género, lo que se conseguiría mediante la promoción de la perspectiva de género en los diversos ámbitos comunitarios[12], pero para ello hace falta voluntad de la autoridad, o, mejor dicho, el cumplimiento de sus obligaciones constitucionales.

---

12 Como señala Cortina (2010, p.41) "Vuelve a ser central el papel de la educación porque es necesario formar ciudadanos autónomos y solidarios, capaces de formarse un juicio sobre lo justo, preocupados por descubrir con sus conciudadanos que es lo justo..."

Referencias

Campos Rubio, A. (2020): Teoría del Estado y del Derecho: una revisión crítica desde la teoría feminista. En A. Ventura Franch, M. Iglesias Bárez, (Coord.), *Manual de Derecho Constitucional español con perspectiva de género* (pp. 27-49), Salamanca, Ediciones Universidad de Salamanca.

Comisión Económica para América Latina y el Caribe. (2023): *La autonomía económica de las mujeres en la recuperación sostenible y con igualdad.* Retrieved from https://www.cepal.org/es/publicaciones/46633-la-autonomia-economica-mujeres-la-recuperacion-sostenible-igualdad

Convención Interamericana Para Prevenir, Sancionar y Erradicar La Violencia Contra La Mujer, Adoptada en Belem Do Para, Brasil, el 6 de septiembre de 2022.

Cortina, A. (2010): *Las raíces éticas de la democracia.* Valencia: Publicaciones de la Universitat de Valencia.

Ferrajoli, L. (1999): "Derechos y garantías: la ley del más débil", Madrid, Trotta.

Ferrajoli, L. (2019): *La democracia a través de los derechos,* Madrid, Trotta.

Foro Económico Mundial: *Global Gender Gap Report.* (2021). Retrieved from https://www.weforum.org/reports/global-gender-gap-report-2021/digest

Gaceta del Semanario Judicial de la Federación (febrero de 2014): *DERECHO HUMANO A LA IGUALDAD JURÍDICA. DIFERENCIAS ENTRE SUS MODALIDADES CONCEPTUALES,* Libro 3, Tomo I, p. 645.

Gaceta del Semanario Judicial de la Federación. (febrero de 2014): *DERECHO HUMANO A LA IGUALDAD JURÍDICA. CONTENIDO Y ALCANCES DE SU DIMENSIÓN SUSTANTIVA O DE HECHO,* libro 3, Tomo I, p. 644.

Hooks, B. (2017): *El feminismo es para todo el mundo,* Madrid, Traficante de sueños.

Instituto Nacional de Estadística y Geografía. (2020): *Cuenta Satélite del Trabajo No Remunerado de los Hogares de México 2020.* Retrived from https://www.inegi.org.mx/temas/tnrh/

Instituto Nacional de Estadística y Geografía. (2020): *Encuesta Nacional de Ocupación y Empleo 2020.* Retrived from https://www.inegi.org.mx/temas/empleo/

Instituto Nacional de Estadística y Geografía. (2020): *Encuesta Nacional de Ocupación y Empleo 2022.* Retrived from https://www.inegi.org.mx/temas/empleo/

Instituto Nacional de Estadística y Geografía. (2021): *Encuesta Nacional sobre la dinámica de las relaciones en los hogares.* Retrived From https://www.inegi.org.mx/contenidos/programas/endireh/2021/doc/endireh2021_presentacion_ejecutiva.pdf

Político, A. (2022): *Se recortó 73% presupuesto de FGR para atender delitos contra mujeres en 2020* . Retrieved from https://www.animalpolitico.com/2022/01/fgr-recorte-presupuesto-mujeres-2020-feminicidios-violencia

Publimetro. (2021): *La 4T mete tijera a 20 programas de apoyo para ellas.* Retrieved from https://www.publimetro.com.mx/mx/noticias/2020/02/23/no-hay-apoyo-a-mujeres-en-mexico.html

Roldán, N. (2022): mexicanas en píe de lucha, México: Planeta.

Ruiz Miguel, A. (2020): *Cuestiones de principios, entre Política y Derecho,* Madrid: Centro de Estudios Políticos y Constitucionales.

Sartori, G. (2007): *¿Qué es la democracia?,* Taurus.

Secretariado Ejecutivo Del Sistema Nacional de Seguridad Pública. (2022): *Información sobre violencia contra las mujeres.* Retrived from https://drive.google.com/file/d/1jv-GGrA31Q361fOuNChetkBu0pva_MGxF/view

Gaceta del Semanario Judicial de la Federación (mayo de 2012): *DIVORCIO. COMPENSACIÓN EN CASO DE. INTERPRETACIÓN DE LA FRACCIÓN VI DEL ARTÍCULO 267 DEL CÓDIGO CIVIL PARA EL DISTRITO FEDERAL, VIGENTE DEL 4 DE OCTUBRE DE 2008 AL 24 DE JUNIO DE 2011,* Libro VIII, Tomo 1, p. 716.

Torres, N. (2020): *Sin estancias y sin dinero: el abandono a las madres trabajadoras.* https://federalismo.nexos.com.mx/2020/03/sin-estancias-y-sin-dinero-el-abandono-a-las-madres-trabajadoras/

Valcárcel, A. (2019): *Ahora, feminismo, cuestiones candentes y frentes abiertos,* Madrid: Ediciones Cátedra.

Valeria Duran. (2020): *Feminicidas Libres.* Retrieved from https://contralacorrupcion.mx/feminicidas-libres/#met1